Scrittori italiani e stranieri

Simonetta Agnello Hornby

Con la giustizia in testa

MONDADORI

Della stessa autrice in edizione Mondadori

Siamo Palermo
La cuntintizza
Era un bravo ragazzo

mondadori.it

Con la giustizia in testa
di Simonetta Agnello Hornby
Collezione Scrittori italiani e stranieri

ISBN 978-88-04-79893-4

I edizione maggio 2025

Con la giustizia in testa

Mi sono chiesta come mai ho sentito l'urgenza di queste pagine. La risposta è la più semplice, la più trasparente.

Non c'è momento della vita in comune in cui non rispondiamo alla domanda: "È *giusto* quello che sto facendo?".

Inciampiamo nell'ingiustizia, nella corruzione, nella violenza, nella prepotenza... e cerchiamo sempre di risollevarci in nome della giustizia.

Si può campare con poco, in ristrettezze e addirittura per forza di volontà, ma non si può mai fare a meno della giustizia, che è il collante di una sana vita sociale.

Da qui comincio e qui voglio arrivare.

1

La prima volta

La prima volta in cui ho avuto la sensazione che si stesse compiendo un'ingiustizia risale a molti anni fa.

I Giudice, la famiglia di mia madre, proprietari di una zolfara e di terreni, erano originari di Favara, un grosso paese dell'Agrigentino dove c'era un convento di domenicane rinomato nell'intera provincia. Dopo l'annessione della Sicilia al Regno d'Italia, il trisnonno Giuseppe acquistò la tenuta di Mosè, ex feudo vescovile vicino ad Agrigento dove in un lontano passato le domenicane andavano in estate, con un magnifico uliveto pluricentenario. A quel tempo nella tenuta c'erano diverse fattorie, la principale delle quali godeva di una maestosa torre normanna: il mio avo si diede da fare per crearvi una grande casa di villeggiatura per i suoi figli e le loro famiglie e risanò la chiesetta adiacente alla torre. Nel frantoio di Mosè si legge la data di quei lavori: *1871*.

Suo figlio, il nonno di mia madre, ne fu entusiasta: da allora la tenuta di Mosè divenne il centro di riunione della famiglia Giudice, e lo è ancora.

Alla fine degli anni Quaranta del secolo scorso, alla morte di nonna Maria Giudice, i suoi quattro figli – Giovanni, Peppino, Teresa ed Elena, mia madre – divisero tra loro le proprietà. Papà suggerì a mamma di chiedere Mosè: era piccola a paragone delle altre – un centinaio di ettari soltanto –, ma c'erano quel meraviglioso uliveto e la casa padronale, che aveva inglobato la torre normanna, e c'era anche la chiesetta. Era piacevolissima, tanto che mio padre la preferiva alla casa di campagna degli Agnello, a San Giorgio.

Durante la guerra era stata requisita sia dai fascisti sia dagli americani. Ne era uscita in pessime condizioni, ma i miei genitori decisero di rimetterla a posto, nonostante i costi notevoli: ne erano innamorati e volevano continuare a passarvi l'estate con gli zii e con zia Teresa, i fratelli e la sorella di mamma, e i genitori di papà, invitando parenti e amici.

Mosè aveva altre tre fattorie: Ruba 'u Baruni, la più antica, La Crocca e La Torre, dove vivevano contadini onesti e coraggiosi. Il campiere, Luigi Vella, l'unico che aveva sempre il fucile carico a tracolla, viveva a Ruba, attaccata alla casa padronale; aveva il compito di proteggerla dai banditi e di accompagnare il padrone e la sua famiglia quando andavano in giro nella tenuta, a piedi o a cavallo, in collina o in pianura. Per noi bambini era uno di famiglia e io in particolare, essendo la figlia maggiore e futura proprietaria, venivo portata terre terre a cavallo. Luigi scendeva dalla sua giumenta, Stella, e la teneva per le briglie: mentre camminavamo sotto gli enormi ulivi mi insegnava a osservare rami e foglie, a studiare i germogli per capire se sarebbe stata una buona annata. Ero felice, mi sentivo grande e mi affezionavo sempre più a quella terra, di cui Luigi conosceva ogni sasso, ogni zolla.

La Seconda guerra mondiale ha intristito quei ricordi. La famiglia Giudice aveva dovuto offrire all'esercito la propria abitazione ad Agrigento e la casa di Mosè; dopo lo sbarco degli americani a Gela, una città sul mare non lontana da Agrigento, sia Mosè sia la casa di Agrigento vennero occupate dagli americani.

I tedeschi e i fascisti avevano trovato Mosè vuota: i contadini si erano rifugiati a Favara, il loro paese d'origine, portando via dalla fattoria tutto quello che potevano, animali inclusi: cavalli, asini, pecore; e la famiglia Giudice aveva da tempo trasferito i mobili migliori nelle cantine del palazzo di Agrigento, per poi rifugiarsi nell'entroterra, a Canicattì – il paese dei Caramazza, la famiglia della nonna. Il racconto di quell'occupazione e di quel saccheggio lasciò in me una ferita, la sensazione che avessimo subìto un'ingiustizia.

La Battaglia di Agrigento fu combattuta anche nel territorio di Mosè tra il 10 e il 16 luglio 1943. L'esercito americano aveva sconfitto italiani e tedeschi e i militari si erano impossessati della tenuta, dove alla fine della guerra lasciarono soltanto qualche mobile, dei grandi letti di ferro e due enormi vasi di ceramica bianca. Questi ultimi vennero portati in soffitta, e fu lì che mio cugino Silvano e io li scovammo quando avevamo una decina d'anni. Ci piaceva andare da soli nei magazzini, nei riposti e nei cosiddetti "tetti morti" per curiosare tra la roba vecchia che vi era conservata – abiti, lampade, poltrone sfondate, arnesi vari, mobili... c'era di tutto. Quando trovammo quei due vasi pensammo che fossero destinati a ospitare delle piante e li trasportammo in gran segreto in garage con la complicità di Paolo, l'autista di papà. Li lavammo e li asciugammo, strofinandoli fino a farli brillare. Non avendo trovato piante da metterci – l'idea era di fare una sorpresa alle nostre mamme –, pensammo bene di riempirli di mandorle. Poi, con grande fatica e sempre nella massima segretezza, li portammo in casa salendo per la scala di servizio e li depositammo fieri nell'anticucina.

«Venite, sopra c'è una sorpresa!» cantavamo ai fratelli minori e alle persone di servizio che incontravamo. Le prime a seguirci furono proprio le nostre mamme: dinanzi ai vasi colmi rimasero sconcertate.

Si avvicinò per prima zia Teresa, solo due passi, seguita da mamma. «Ma che cos'è?» chiesero circospette. «Che porcheria avete messo qui dentro?»

«Mandorle!» rispondemmo fieri Silvano e io.

«Voscenza, sono i cantari di Ruba 'u Baruni...» intervenne Luigi.

Scoprimmo così che quelli che a noi erano parsi vasi meravigliosi erano in realtà dei cantari, vasi da notte che si usavano prima dell'avvento dell'acqua corrente e del WC.

Tutto finì con una risata. I cantari non si videro più: su ordine specifico delle sorelle Giudice, furono usati per il pollaio – ci si conservava il becchime per le galline.

Il primo piano era agibile, il secondo no: le pareti della sala da pranzo erano crivellate di colpi e il soffitto squarciato da un frammento di bomba che aveva sfondato il pavimento. Anche altre parti della fattoria erano state danneggiate.

I Giudice cominciarono a rimettere a posto tutto quello che era stato distrutto, dando la precedenza alle abitazioni dei contadini e alle stalle. La casa padronale, che – a parte i mesi estivi – era abitata solo saltuariamente, fu restaurata soltanto dopo molti anni.

Arrivarono a poco a poco l'elettricità e l'acqua corrente, e fu resa agibile a tutti i mezzi la strada di terra battuta che si arrampicava su per la collina attraversando l'uliveto – risparmiato dai bombardamenti – e che fungeva da bretella della statale 116.

Nelle famiglie siciliane era consuetudine che i figli minori ospitassero per le vacanze fratelli, parenti e amici per togliere il peso dell'ospitalità ai fratelli maggiori, nonostante spesso questi fossero stati favoriti nel testamento del padre. Mia madre era l'ultima di quattro. Insieme a mio padre si diede da fare per rendere di nuovo accogliente la casa svuotata dagli americani: ci riuscirono anche grazie all'aiuto di parenti e amici, che regalarono mobili e servizi di piatti e di bicchieri di cui non avevano bisogno. I mobili furono lucidati, divani e poltrone ebbero nuove fodere di cretonne cucite da mamma.

Una casa ferita dalla guerra è un'ingiustizia, e sono un'ingiustizia tutte le rovine che una guerra lascia dietro di sé. Sono testimonianze di una violenza subita, un affronto alla civiltà.

Tanta ingiustizia continua a essere consumata in questi anni: spero che prima o poi sarà riparata, anche se probabilmente non sarò più qui per rallegrarmene.

Tra i ricordi più belli della mia infanzia ci sono le estati felici trascorse a Mosè con i cugini da parte di madre: inseparabile compagno di giochi per me e mia sorella Chiara, sotto lo sguardo attento delle bambinaie Giuliana e Letizia, era Silvano, figlio di zia Teresa. Ci raggiungevano poi i figli di zio Giovanni e zia Mariola: Maria, la mia preferita, che scelsi come madrina di cresima, Gaspare e Gabriella, coetanea di Chiara.

L'ultima estate passata insieme fu quella del 1963. Poi io, finito il liceo, andai in Inghilterra per studiare l'inglese e la mia vita cambiò per sempre: in Inghilterra conobbi e poi sposai Martin Hornby, con cui andai a vivere nello Zambia. Tornai a Mosè soltanto dopo la nascita dei miei figli, Giorgio e Nicola, a metà degli anni Settanta.

Da allora la famiglia Hornby non manca mai di andare in Sicilia almeno due volte all'anno. I miei figli sono stati adottati da mia sorella Chiara e sono contenti all'idea di prendere le redini della fattoria, in futuro.

2

La palese ingiustizia

Le dispute tra genitori che non si amano più non possono non coinvolgere anche i figli.

Il marito che ha abbandonato la famiglia per un'altra donna desidera comunque vederli: non è inconsueto che la moglie tradita non riconosca i diritti di visita e incoraggi i figli a disprezzare il padre fedifrago, pretendendo che non conoscano la sua nuova compagna e ostacolandolo come può. Lo considero un comportamento ingiustificabile, perché danneggia i figli e il loro rapporto con il padre. Ma biasimo il padre separato che vorrebbe imporre ai figli, subito e senza indugi, la sua nuova compagna.

Bambini e ragazzi hanno bisogno di tempo: solo quando saranno sicuri che il papà e la mamma, benché separati, non li abbandoneranno mai e li metteranno sempre al primo posto sarà il momento di far conoscere loro i nuovi compagni dei genitori.

Da avvocato ne discutevo subito con i clienti e li esortavo ad anteporre le esigenze dei figli all'urgenza di divorziare e rifarsi una vita. Proponevo un compromesso e ne discutevo con i legali della controparte, dopo aver cercato di comprendere le dinamiche dell'intero nucleo famigliare – inclusi i nonni, che troppo spesso nelle cause di separazione e di divorzio vorrebbero intervenire e avanzare pretese nei riguardi dei nipoti.

In questi casi è utile che l'avvocato contatti anche il medico curante della famiglia per informarsi sullo stato psicofisico di genitori e figli, preparando il meglio possibile un incontro con tutte le parti coinvolte per valutare i possibili effetti della separazione sui bambini e cercare di prevenirli o almeno di ridurli al minimo.

3

Essere vittima di un'ingiustizia

Fin dalla più tenera età sono stata educata a non servirmi mai per prima dei dolci e dei cioccolatini ricevuti in regalo: toccava a me soltanto dopo averli offerti a tutti secondo un rigido ordine – ospiti, genitori e persone di servizio.

Li contavo veloce, pur sapendo che anche se non ce ne fossero stati abbastanza avrei dovuto offrirli lo stesso, un po' mogia al pensiero che per me non ne sarebbe rimasto nemmeno uno.

Quando arrivava il turno delle persone di servizio cominciavo sempre dalla stanza della caldaia, accanto alla cucina, dove si rincantucciava Paolo, l'autista: lavorava per la nostra famiglia da quando papà aveva quattro anni, stravedeva per lui. Con l'età lavorava meno, era diventato freddoloso e un po' pigro: gli era gradito il compito di controllare il buon funzionamento di caldaia e termosifoni. Passavo molto tempo con lui, andavo spesso a portargli dolci e biscotti e lui mi raccontava di papà mio quand'era bambino o di quando era partito soldato durante la Grande guerra.

Quando gli offrivo i dolci ricevuti in regalo, spesso ne accettava uno e poi me lo restituiva. Non lo diceva, ma di certo trovava ingiusto che per offrire a tutti rimanessi senza. Col tempo, diventato meno rigido il sistema delle precedenze imposto da mia madre, a volte davanti a una scatola di cioccolatini Paolo mi chiedeva: «Tu ne hai già mangiato uno?» e io gli dicevo di sì anche se non era vero: lo guardavo gustarsi lento il suo cioccolatino e mi sentivo cresciuta, generosa, quasi una santa. Tutti e due sapevamo di aver fatto una cosa giusta e ne eravamo contenti.

4

Che cos'è il senso di giustizia

Nel 1968 mio marito e io ci trovavamo in Kenya, a Treetops – un albergo costruito agli inizi del Novecento su un enorme albero di fico nel Parco Nazionale di Aberdare. Eravamo tra gli ospiti più giovani e ci arrampicammo per primi su per la scala di corda che portava alle piattaforme di legno appena sotto la chioma del fico. Da lì si godeva una vista straordinaria: in basso, quasi a lambire le lunghe radici del fico, sgorgava una vena di acqua dolce alla quale si abbeveravano pacificamente molte specie di animali che popolavano la savana.

«Bisogna osservare in silenzio e non buttare niente di sotto» si era raccomandata la guida. Ci aveva spiegato che il silenzio era fondamentale: gli animali non dovevano accorgersi della nostra presenza – le loro reazioni erano imprevedibili.

Scoprimmo che tra gli animali vigeva una rigida gerarchia. Non ricordo in che ordine andassero ad abbeverarsi, ricordo solo un tranquillo susseguirsi di scimmie, rinoceronti, giraffe, antilopi, zebre, elefanti e gnu. A turno, mentre alcuni bevevano, gli altri aspettavano pazienti, come se tutto fosse stato stabilito da sempre: un esempio formidabile di ordine e di rispetto.

Gli animali, dopo essersi dissetati, si allontanavano per tornare da dov'erano venuti.

Cadeva un gran silenzio. Soltanto allora arrivavano i leoni – i maschi davanti e le femmine dietro –, avanzavano con il loro passo molleggiato lasciando orme profonde, gli occhi dalle palpebre pesanti che giravano a destra e a sinistra come per assicurarsi che nessuno osasse disturbarli.

«Mi ricordano i mafiosi che seguono la processione di Santa Rosalia a Palermo!» bisbigliai a mio marito.

Lui mi zittì portandosi il dito davanti alle labbra.

I primi leoni maschi si erano fermati davanti all'acqua, in attesa. Poi arrivò, maestoso, un leone più grande degli altri.

Mi sovvenne d'un tratto il ricordo di un film in cui Giulio Cesare incedeva verso il Campidoglio tra due ali di centurioni muti. E come Giulio Cesare, l'animale avanzava lento e determinato. Soltanto quando immerse il muso nell'acqua fresca anche gli altri leoni si avvicinarono. Il tutto in un silenzio incantato.

In mezzo ai felini adesso erano arrivati gli uccelli, anche quelli muti e per niente spaventati, mentre sull'enorme chioma del fico erano appollaiati falchi, astori, aquile e pivieri dorati. Ogni varietà occupava un certo numero di rami, come fossero la sua casa. I pivieri si avvicinarono per primi, avevano zampe lunghe e sottili, il becco corto, dritto e appuntito, e meravigliose piume sui toni del bruno, nero e bianco, ornate da macchie dorate. Dopo aver bevuto, facevano un'aggraziata giravolta e si libravano in volo.

L'ultimo turno era quello delle numerose aquile coronate, che avevano osservato tutto dalle cime degli alberi di fronte a noi – bellissime. Sembravano guardarci con curiosità e io ricambiavo lo sguardo. Sapevo che con le zampe e gli artigli robusti schiacciavano il cranio delle prede e notai che mentre scendevano a dissetarsi attorno a loro si era fatto il vuoto – chissà se per paura o per rispetto.

Il senso del giusto, è evidente, non esiste soltanto tra gli uomini. Per gli animali, giustizia è tenere a freno l'aggressività per condividere un bene prezioso, essenziale e a volte raro.

Chi compie atti ingiusti – nei confronti di famigliari, amici e colleghi – dovrebbe pagarne le conseguenze. Bisognerebbe incoraggiare chi si è comportato in modo disonesto e meschino a riconoscere la sua colpa, a pentirsi e ad accettare la punizione imposta dalla società. Questo è uno dei compiti della giustizia: aiutare i colpevoli a comprendere i propri errori, a pentirsi e a non sbagliare più.

Assumersi le proprie responsabilità e vergognarsi del male compiuto è lodevole, ma non basta: chiedere scusa a chi si è maltrattato e oppresso e promettere una riparazione è altrettanto importante. Questa è una forma di giustizia, anzi è *la* giustizia, perché si fonda su un accordo: talora esplicito, molto più spesso implicito.

Il nemico della giustizia sono le degenerazioni del potere, che l'enciclopedia Treccani descrive come la capacità di influire sul comportamento altrui, di influenzarne le opinioni, le decisioni, le azioni, i pensieri.

In quanto esseri umani abbiamo bisogno di stare con gli altri. Per garantire una sana e serena vita sociale servono rispetto per il pensiero degli altri e norme chiare e semplici: l'adamantina chiarezza dei Dieci Comandamenti.

5

La giustizia e i movimenti di liberazione

Non tutti i grandi personaggi politici del dopoguerra che hanno combattuto per liberare il loro paese da tiranni e sfruttatori hanno raggiunto lo scopo; e anche quando ci sono state svolte significative, l'armonia e la solidità politica non sono durate.

Penso a Martin Luther King, pastore protestante, premio Nobel per la pace nel 1964. Il 4 aprile 1968 aveva cercato di organizzare un corteo per i diritti dei neri a Memphis. Alle sei del pomeriggio, mentre era sul balcone al secondo piano dell'hotel dove alloggiava, pronto a rivolgersi alla folla che lo aspettava, fu ucciso da una fucilata alla testa sparata da un bianco, James Earl Ray, presunto affiliato di Cosa nostra statunitense. Il contributo di Martin Luther King è stato decisivo per il riconoscimento dei diritti civili dei neri.

Accanto a lui, spiccano il Mahatma Gandhi e Nelson Mandela.

Il Mahatma Gandhi è stato il fautore della resistenza all'oppressione attraverso la disobbedienza civile, che ha portato l'India a conquistare l'indipendenza. Il 10 marzo 1922, arrestato e processato con l'accusa di sovversione, Gandhi si dichiarò colpevole e chiese il massimo della pena: fu condannato dai britannici, che allora governavano l'India, a sei anni di prigione, ma venne liberato nel 1924 per essere operato di appendicite.

Nelson Mandela, nato e vissuto in Sudafrica, era un avvocato e attivista per i diritti civili. Dopo aver scontato ventisette anni di carcere per la sua lotta all'apartheid, nel 1993 ricevette il premio Nobel per la pace ed è stato presidente del Sudafrica (il primo non bianco) dal 1994 al 1999: la sua autobiografia, *Lungo cammino verso la libertà* (1995), è un libro che tutti dovrebbero leggere.

Chi è stato in Sud Africa lo sa. A Johannesburg, più precisamente a Braamfontein, a ovest del sobborgo di Hillbrow, c'è l'Old Fort Prison, conosciuto anche come Number Four. Lì fu imprigionato Gandhi nel 1906, e molti anni più tardi Mandela insieme a tanti altri attivisti, prima di essere trasferiti a Robben Island, a Città del Capo. Ora il sito è chiamato Constitution Hill, "collina della Costituzione". Da lì si vede in lontananza l'oceano, ma quando si entra in quello che ormai è il museo della libertà riconquistata, quando si entra in quelle che furono le celle, il mare sparisce, sparisce il cielo, tutto sparisce, e il passato torna, e l'ingiustizia delle pene inflitte, anzi l'ingiustizia tutta – come non avesse confini e abbracciasse i lager nazisti, le navi negriere che partivano dall'isola di Gorée in Senegal, i manicomi – si incide nella memoria, lascia senza fiato.

È giusto lasciare ai luoghi la loro memoria. Una cella di Constitution Hill vale per tutte le celle del mondo. Appena si lascia lo slargo da cui si accede al carcere e dove la scritta BE KIND in macrolettere colorate si staglia nel sole, Johannesburg torna quella che è ora, una città dove tutti i muri di cinta delle case portano in alto rotoli di filo spinato elettrificato. E allora? Com'è? Dov'è il respiro che si aspetta una volta passati per quelle sequenze di celle?

Quanta morte, ancora. E quanta paura. Eppure.

Di recente tutto il mondo ha conosciuto le giovanissime Greta Thunberg e Malala Yousafzai, che con coraggio e tenacia hanno acceso i riflettori su questioni di drammatica attualità: Greta Thunberg sulla tutela dell'ambiente e il riscaldamento globale; Malala Yousafzai sul diritto all'istruzione delle donne in Pakistan. Nel 2014, a soli diciassette anni, Malala ha ricevuto il premio Nobel per la pace.

Da giovane speravo che in Italia prendesse forma una società civile fondata su uguaglianza, rispetto e pace tra uomini e donne. Non è ancora accaduto, non del tutto almeno. In compenso, le statistiche ci dicono che i femminicidi sono in aumento.

Ma non c'è statistica che spieghi uno dei fatti più allarmanti degli ultimi quindici anni: il prepotente emergere di violenze che di certo esistevano anche prima, anche se in forme più attenuate, ma che in passato rimanevano sommerse. Violenze che riguardano donne di ogni età e di ogni ceto sociale e che sempre più coinvolgono anche giovanissimi; violenze che nascono da una concezione della donna come essere inferiore e che pertanto può essere offesa, molestata, minacciata, picchiata, violentata, uccisa se non sta al suo posto, se si ribella, se dice di no; violenze che soltanto un cambiamento culturale, accompagnato dalle leggi, potrà contrastare davvero efficacemente.

Diverse tra le donne che conosco in Inghilterra, laureate, professioniste, economicamente indipendenti, a volte addirittura di successo, nascondono i segni delle violenze inflitte loro da mariti, compagni o "innamorati". E negano la verità, in primis a sé stesse.

6

Esiste una guerra giusta?

Non posso non considerare giusta la guerra contro il nazismo. È troppo forte la sensazione di sgomento davanti ai massacri consumati in nome di un'ideologia fondata sulla supremazia della razza.

Detto questo, le guerre non dovrebbero essere mai considerate "giuste". Oggi, grazie alle comunicazioni veloci – vogliamo cominciare dal 1876 e dall'invenzione del telefono? –, una velocità in vertiginoso aumento, assistiamo a una diffusione sempre più immediata e capillare di notizie, ma anche di idee, slogan, propaganda. Creare consenso è diventato più facile: la gente semplice può essere "contagiata" da chi detiene il potere, le tecnologie, i mezzi di comunicazione. E il contagio può avvenire anche attraverso la falsificazione, l'istigazione all'odio, la capacità di generare paure.

Questo ha creato la ricchezza dei produttori di materiale bellico, generato studi sulla capacità offensiva di armi sempre più sofisticate, dilatato la capacità di individuare e annientare il nemico: dalla fissione nucleare ai droni, abbiamo visto evoluzioni tecnologiche non necessariamente legate all'offesa bellica ma che proprio in guerra sono state potenziate e perfezionate.

I governi hanno spesso voluto passare per garanti di accordi, di proposizioni accettabili per assicurare non solo vittorie, ma anche, dopo le vittorie, una pace duratura. Spesso però sono i primi a lasciare la situazione invariata, e soprattutto sanno che non esiste certezza, dopo un'eventuale vittoria, di costruire in pace un altro futuro. "Altro" rispetto a che cosa?

La vittoria ottenuta con la violenza e la supremazia delle armi non può garantire una convivenza pacifica tra vincitori e vinti, per quanto gli accordi di pace siano stati negoziati e stilati con cura. Un esempio per tutti, la Società delle Nazioni, che dopo i disastri della Grande guerra (1914-18), e dopo aver instillato una consapevolezza generalizzata della necessità di una "pace perpetua" (secondo l'ispirazione di Immanuel Kant), non ebbe abbastanza forza e coesione per evitare la catastrofe del secondo conflitto mondiale. Sostanzialmente, la Società delle Nazioni durò vent'anni e si spense nel sangue.

Un tempo, però, le guerre "giuste" esistevano – o, più precisamente, le chiamavano così coloro che le iniziavano. Per esempio, le crociate contro gli arabi in Terra Santa.

Le guerre hanno le origini più diverse. A volte ci sono gruppi di nazioni in lotta con altri gruppi di nazioni; altre volte c'è una nazione più potente e aggressiva che cerca di imporre la propria supremazia. E ci sono popoli costretti a lasciare la loro terra al nemico vittorioso.

In Europa le guerre di religione hanno dilaniato intere popolazioni e sono state, tra la fine del Cinquecento e la prima metà del Seicento, uno dei motori della trasformazione della fisionomia politica e culturale del continente. Dal crollo del Sacro romano impero e dal sangue dei popoli coinvolti si è giunti a una nuova concezione dello Stato nazionale. Per arrivare a quella svolta, fra il 1618 e il 1648 si è consumata la Guerra dei trent'anni, che al di là della durata impressionante ha visto impressionanti schieramenti di truppe, battaglie memorabili, devastazioni, violenze, fucilazioni, carestie, epidemie... Tanto fu spaventosa quella guerra da farla entrare nella memoria dei popoli, nella letteratura e nelle arti figurative come epitome di umana catastrofe.

Come estrapolare da questo caos così violento dei criteri di giustizia? Gli studiosi si sono trovati davanti a ingarbugliate vicende politiche e a vere e proprie carneficine.

Dove fosse la religione, o meglio dove fosse la fede in questo lungo, lunghissimo imbroglio, si fa fatica a dirlo, come si fa fatica a rappresentare scene come quella del massacro e dell'incendio di Magdeburgo. Lo scrisse Schiller, centosessant'anni dopo, nella sua *Storia della Guerra dei trent'anni*: "Una scena d'orrore per la quale la storia non ha lingua e la poesia non ha matita". Centocinquant'anni dopo, nel 1939, Bertolt Brecht, presago della catastrofe della Seconda guerra mondiale, torna su quel disumano teatro con la tragedia *Madre Coraggio e i suoi figli*, rappresentata per la prima volta a Zurigo nel 1941 e andata finalmente in scena nel resto del mondo a partire dal 1949.

Dice il coro:

Con la sua buona sorte, i suoi rischi, la guerra, è tanto tempo che c'è. Anche durasse cent'anni, la guerra, la gente come noi non ci guadagna. Stracci il vestire, schifo il mangiare, della paga i comandi ne rubano metà...

Sulla guerra si prova a campare, e anche Madre Coraggio è una lacera commerciante dei campi di battaglia: sopra le teste di popoli e soldati, i signori e la loro giustizia si muovono insieme alle bandiere delle loro religioni.

Secoli prima William Shakespeare aveva detto la sua – e con quanta lucidità – lasciando la parola a uno dei suoi personaggi più grandi, Falstaff. Rimproverato di aver arruolato per la battaglia solo straccioni pelle e ossa, Falstaff ribatte:

Vanno benissimo per farsi infilzare, carne da cannone, carne da cannone. Sapranno riempire una fossa bene quanto gli altri. Ohibò, sono uomini mortali, uomini mortali. Tutti sono dotati della facoltà di morire, di essere carne da cannone. Questa è la giustizia della morte in battaglia.

La "giustizia della morte in battaglia". Non c'è nessun onore, nessuna patria, nessuna religione.

Negli ultimi trent'anni la fede religiosa ha giocato un ruolo decisivo nel determinare aree conflittuali solo a partire dai rinnovati schieramenti degli Stati islamici.

Non mi risulta che ci siano altre guerre dove la fede sia scatenante o dove gli schieramenti siano definiti dalla fede religiosa.

Al di là delle attuali, minacciose opposizioni che hanno aperto fronti in tutto il Medio Oriente, le guerre di religione si sono sempre autodefinite "giuste" a partire dalla presunta volontà di un dio monoteista.

Del resto, oggi e negli ultimi due secoli, la maggior parte delle guerre nel mondo sono nate dalla convinzione di entrambe le parti di essere nel giusto: chi la pensa diversamente e non vuole negoziare un accordo dev'essere annientato.

Io credo nella libertà di espressione, quella libertà di espressione che dopo la Seconda guerra mondiale sembrava un diritto riconquistato ovunque. Non è così. Io non smetto di crederci, ma il mondo mi smentisce sempre.

Mi smentisce la Russia di Putin, mi smentisce l'Israele di Netanyahu, mi smentisce l'America di Trump. L'ideologia del nemico filtra come un veleno dentro tutti i sovranismi. Non avrei mai creduto di vedere una Europa così mortificata, di sentire il peso della sconfitta e del fallimento.

La guerra nasce dalla paura di un potenziale nemico o dal desiderio di aumentare il proprio potere e allargare il proprio territorio. Denaro e potere. Non conosco guerre altruiste, in cui una nazione decide di aiutare etnie più deboli o uno Stato minacciato da uno Stato limitrofo. Anzi, l'aggettivo "altruista" applicato alle guerre suona in verità quasi comico: non mi risulta che Stati potenti siano mai stati mossi da intenzioni altruistiche. E se mai ci sono state affermazioni in tal senso, erano menzogne. I conflitti nati da dichiarati propositi di soccorso hanno sempre nascosto la volontà di prevalere o, in casi più complessi, hanno obbedito all'intenzione (forse anche alla necessità) di mantenere un equilibrio che ribadisse identità statali militarmente forti, capaci di indurre rispetto e obbedienza: le armi al posto della negoziazione.

Insomma, tutte le guerre sono dichiarate, condotte, combattute da chi ha buone ragioni per trarne profitto e sono alimentate da una brama di potere che si nasconde di volta in volta dietro bandiere diverse. Vale anche per le cosiddette "guerre di religione", quando si è cercato di convertire gli "infedeli" con le armi: come è accaduto nel Cinquecento nell'America Latina, dove i coloni spagnoli e portoghesi annientarono le civiltà precolombiane.

Attraverso la Storia emerge d'altro canto un dato antropologico sul quale non è facile riflettere.

Se le guerre esistono, è perché la violenza è insita nell'essere umano ed esplode quando due parti in contrasto non vogliono o non possono raggiungere un accordo. Il vincitore poi dichiarerà di incarnare il principio di giustizia, e a volte si attribuirà il ruolo di salvatore e protettore del popolo contro il quale ha combattuto. Così ha fatto la Russia nel 2014, quando ha invaso e conquistato la Crimea. I governi sono astuti e a volte spingono uomini ambiziosi, violenti, con grande carisma e una solida conoscenza militare a iniziare una "liberazione" che in realtà è un'invasione armata del paese che hanno nel mirino. A vittoria ottenuta, questi servigi saranno lautamente compensati.

L'art. 2 par. 4 della Carta Onu del 1945 vieta la minaccia e l'uso della forza, ma di fatto sappiamo che, messi nella condizione di difenderci, non possiamo sottrarci all'uso delle armi; o almeno siamo indotti a pensare che quest'uso abbia un fondo di giustizia.

È interessante riflettere su come la guerra ha "lavorato" dentro il linguaggio comune, ricco di espressioni delle quali quasi non si percepisce più l'origine ma che non smettono di evocare violenza. Essere "una macchina da guerra", stare "in prima linea", "sparare a zero", "fare terra bruciata", essere "sotto assedio", essere "presi fra due fuochi" sono solo alcune fra le tante formule che dal lessico militare sono entrate nella quotidianità della vita famigliare, del lavoro, della scuola, della politica. Si dirà: basta percepirle come estensione ironica degli eccessi di cui siamo spettatori o protagonisti. È vero, ma l'ironia e il sense of humour non sono sufficienti a neutralizzare il lascito di violenza assorbito dalle pacifiche abitudini della vita civile.

Va da sé che è una questione complessa, e non voglio certo avallare le estremizzazioni della cancel culture, eppure anche nelle trappole del linguaggio va misurata la giustizia. Se a un ragazzino suggerisco di "sparare a zero", quale che sia l'obiettivo polemico, non gli rendo familiare un mondo che non conosce e che ci si augura non conosca mai? Ed è giusto che in un ufficio un manager raccomandi ai suoi collaboratori di muoversi come "una macchina da guerra"?

Dove va a finire tutta quella implicita violenza? È una metafora, è vero, ma quanto profondamente agiscono le metafore (come "fare terra bruciata") nell'immaginario della convivenza civile?

7

Ancora su guerra, giustizia e credo religioso

Una mia giovane amica italiana detesta la guerra in nome di un credo: la considera un pretesto per giustificare le mire espansionistiche e l'intolleranza di una nazione verso un'altra; sostiene che non c'è volontà di convivenza, solo una squallida smania di occupare territori e conquistare potere, a costo di sacrificare la vita di donne, uomini, bambini e civili indifesi. La ammiro e spero che ci siano tante altre ragazze e tanti altri ragazzi che la pensano come lei.

Di certo, i conflitti in nome di un credo religioso non hanno alcun senso nel nostro Occidente secolarizzato.

Ammiro le tre grandi religioni monoteistiche – ebraismo, cristianesimo e islam. La prima è la più antica, ed è quella da cui è originato il cristianesimo duemila anni fa. È anche la più rigida, se consideriamo le regole alle quali devono sottostare i credenti ultraortodossi (soprattutto le donne). Idealmente sarebbe anche la meno violenta, se non tenessimo conto delle modalità con cui nel 1948 si è proceduto all'occupazione delle terre e delle città palestinesi, costringendo la popolazione all'esodo (espulsione nota come *nakba*, ovvero "catastrofe"), e alla formazione di uno dei più potenti eserciti del Medio Oriente, visto in azione durante la Guerra dei sei giorni, nel giugno del 1967.

La responsabilità di quanto sta accadendo alla popolazione di Gaza non può che imputarsi agli anni di politica conservatrice e aggressiva portata avanti dal governo israeliano di Netanyahu. Lo Stato di Israele, fondato il 14 maggio 1948, è il più giovane del Medio Oriente: ci sono stata diverse volte e ho ottime amicizie laggiù. Tra i miei amici israeliani – gente colta e laica – rimane il ricordo dell'incubo nazista, che alimenta il terrore di essere nuovamente attaccati, uccisi, annientati.

Non so come finirà a Gaza, e il pensiero mi angoscia: quello che sta succedendo dimostra che il lavoro dei diplomatici è quanto mai urgente e necessario, in molte parti del mondo ma soprattutto in Medio Oriente.

Ebrei, musulmani e cristiani dovrebbero imparare a conoscersi, a rispettarsi e a cercare le affinità anziché le differenze. Dovrebbero anche accettare quegli aspetti delle fedi altrui che sono incompatibili con la propria, come la poligamia islamica o il celibato del sacerdozio e del monachesimo cattolici.

In fondo, siamo tutti uguali, concetto che suonerebbe quasi banale se non venisse regolarmente calpestato. Ed è proprio a fronte della pratica della giustizia che quell'uguaglianza potrebbe assumere maggiore evidenza. Lo scrittore israeliano Amos Oz soleva ripetere che fra popoli in perenne contrasto (come israeliani e palestinesi) dovrebbe esserci la stessa tolleranza che c'è fra coniugi che faticano a vivere insieme così come li racconta Anton Čechov. Čechov conosceva il cuore degli uomini, sapeva raccontare la malinconia di una convivenza contrastata: ci si può guardare di traverso, ma non ci si uccide.

Non posso fare a meno di sentire una profonda vergogna storica pensando alle crociate, nate dal fatto che il cristianesimo si sentiva minacciato dall'espansione dell'islam, religione fondata da Maometto nel 622 d.C.

A venticinque anni Maometto aveva sposato Khadija, ricchissima figlia di mercanti della Mecca, più vecchia di lui di ben quindici anni, che gli diede sei figli. In tutto, il profeta ebbe trenta donne, fra mogli (non più di quattro) e concubine. Molte delle concubine erano state tolte da situazioni difficili e probabilmente ebbero sporadici rapporti sessuali con lui. Si dice che da tutte queste donne Maometto ebbe un numero relativamente modesto di figli – non più di dieci.

La prima crociata partì nel 1096 e durò tre anni. Fu voluta da papa Urbano II per riconquistare Gerusalemme, occupata e posseduta sin dal 634 dal califfo Omar Ibn al-Khattab. Nel 1099 il califfo venne cacciato dai crociati. I cristiani bizantini si aspettavano la restituzione delle terre usurpate dai musulmani, ma i crociati si consideravano in pellegrinaggio armato a scopo pio e non un esercito al servizio di un sovrano europeo. Nonostante ciò, ci furono degli accordi che durarono a lungo. In quell'impresa furono coinvolti condottieri ambiziosi, che avrebbero guadagnato dal conflitto una fama destinata a durare nei secoli. Perlopiù, dunque, le crociate furono un affare da ricchi. Ma ci furono anche le crociate dei poveri: famosissima quella del predicatore Pietro l'Eremita, che girava coperto di stracci in sella a un asino. Il suo esercito, benché esiguo e raffazzonato, riuscì a massacrare gli ungheresi e a raggiungere Costantinopoli, dove l'imperatore Alessio I lo fece traghettare sul Bosforo.

Nel frattempo, in Europa l'antisemitismo cresceva a dismisura. Il primo olocausto avvenne nel 1095 nella Renania, prima della prima crociata. A Magonza, una madre ebrea uccise i figli pur di non vederli trucidati dai cristiani e un rabbino si suicidò per lo stesso motivo. I tedeschi volevano convertire gli ebrei con la forza, e dato che non vi erano riusciti decisero di impossessarsi dei loro beni. Fu allora che le popolazioni ebraiche europee dovettero rispondere a quella violenza con la violenza.

Nel 1096 gli eserciti crociati europei rientrarono dal Medio Oriente, ma già tre anni dopo fecero ritorno in Terra Santa e se ne impossessarono. I Turchi, per evitare altre uccisioni, offrirono loro pasti e alloggio e stipularono accordi di pace. Il 15 luglio 1099 Raimondo di Tolosa prese Gerusalemme con dodicimila uomini. I marinai genovesi costruirono torri d'assedio e la gente del luogo fu massacrata. I crociati uccisero anche quei musulmani e quegli ebrei che avevano cercato rifugio nei luoghi di culto.

Nacque così il Regno di Gerusalemme, con a capo l'imperatore bizantino. Questi non aveva un buon rapporto con i crociati, che ricorsero al papa. Avrebbe potuto proclamarsi signore feudale di quelle terre, come già aveva fatto in Inghilterra e in Sicilia. Raimondo di Tolosa fu chiamato principe di Gerusalemme e poi ne divenne re. Ma preferiva essere chiamato *advocatus sancti sepulchri*, anche se poi firmava la corrispondenza come *princeps*.

L'impero dei musulmani si era diviso e soltanto nel 1187 il famoso Saladino riuscì a riconquistare Gerusalemme, togliendola ai cristiani.

In realtà, il credo religioso fu sempre secondario agli interessi economici. Ma proprio a sostegno della volontà delle classi dominanti fu invece decisivo il racconto orale e scritto che, nel secolo delle crociate, rilesse le imprese di tre secoli prima e penetrò anche nella cultura popolare. La trasmissione dei fatti attraverso il filtro della leggenda contribuì a disegnare un panorama storico dalle gesta dei paladini di Carlo Magno (il ciclo carolingio è stato parte della formazione culturale dell'Occidente cristiano).

Nondimeno, proprio a partire dai cicli medievali, nel Quindicesimo e nel Sedicesimo secolo, a fronte di un Occidente costantemente esposto alla minaccia turca, i grandi poeti di corte dell'Italia rinascimentale ripresero i cicli carolingi o, ancora più significativamente, affrontarono il tema delle crociate. Ludovico Ariosto, contemplatore di una civiltà altissima che dà i primi inquietanti segni di crisi, riesce a celebrare, insieme a quelle cristiane, le virtù guerresche in cui si innestano i valori condivisi della lealtà, del coraggio, della dignità. Torquato Tasso, con la sua *Gerusalemme liberata*, finisce con il sentire l'imminenza dei conflitti religiosi e l'influenza della Controriforma, producendo una delle più significative operazioni di autocensura della storia letteraria che è la stesura della *Gerusalemme conquistata*. In verità, entrambi i poeti (ma anche, prima di loro, il Pulci e soprattutto Matteo Maria Boiardo) sentirono l'urgenza di celebrare la società in cui si trovarono a vivere e a operare, magnificando il primo la varietà e la ricchezza dell'umanesimo, il secondo la maturità di una sensibilità malinconica portata alle sue estreme conseguenze.

Più tardi, durante la Guerra dei trent'anni tra cattolici e protestanti, l'Europa centrale fu dilaniata. La defenestrazione di Praga – l'evento che aveva scatenato il conflitto – ne fu la prova: il 23 maggio 1618 alcuni rappresentanti dell'aristocrazia protestante catturarono due governanti imperiali cattolici e il loro segretario e li lanciarono fuori dalla finestra del castello di Praga, facendoli cadere da dieci metri su un ammasso di letame, appositamente preparato.

Da allora l'Europa rimase divisa tra Europa cattolica ed Europa protestante, per motivi non religiosi ma economici.

8

La giustizia dei movimenti pacifisti

La vita in sé e per sé è sempre stata una lotta per la sopravvivenza, tra gli uomini come tra gli animali.

I fedeli di ogni religione tendono a pensare di essere gli unici nel giusto. E gli uomini in generale vogliono dimostrare la loro superiorità sugli altri. E così la violenza e la guerra si diffondono ovunque.

La pace, così difficile da raggiungere e da mantenere, oggi rappresenta un tema molto sentito, ma il pacifismo è un movimento antico, che ha conquistato rilievo e importanza nel corso del Novecento. Si oppone come può alla proliferazione di tecnologie pericolose e di armi biologiche e nucleari. Come molti altri movimenti che si battono per il riconoscimento dei diritti civili, nella seconda metà del Ventesimo secolo ha sostenuto e favorito la formazione di associazioni politiche e partiti verdi in molti paesi democratici dell'Occidente.

Decisiva, a partire dal primo decennio del Novecento, l'influenza di Gandhi e del suo metodo della non violenza chiamato Satyagraha, "fermezza nella buona causa". Credo che non ci sia movimento veramente pacifista che non abbia assorbito la lezione di Gandhi.

Gandhi supera il concetto e la pratica di "resistenza passiva" per conferire alla non violenza una modalità più forte, più testimoniale, più politica. Non è un caso che, fra i movimenti per la pace italiani ispirati da Gandhi, ci siano quelli fondati sull'insegnamento di Aldo Capitini, autore di un celebre "manuale" intitolato *Le tecniche della non violenza* (più volte ristampato, ultimamente da Manni Editori). Capitini è stato un antifascista radicale e, negli anni Sessanta, una figura che, come don Milani, ha posto le premesse per una visione del mondo e della vita sociale senza compromessi. Scrive, nel libro che ho citato: "Il metodo non violento, diceva Gandhi, ha il pregio di stabilire la perfetta eguaglianza, perché se la libertà deve essere condivisa – anche il più debole, il paralitico, lo zoppo – essi devono poter contribuire in egual modo alla sua difesa".

La "perfetta eguaglianza" è una radice della giustizia.

La pratica della non violenza, in tal senso, così come l'ha insegnata Capitini, esige uno sforzo pedagogico immenso. Poter far propria la necessità di una pratica che non sia "inerzia, inattività, lasciar fare", bensì costante moltiplicazione di iniziative e di rapporti, significa contare su una costruzione interiore, sull'edificazione di caratteri attraverso la prassi quotidiana.

Ci vuole ardimento, costanza, continuità nella pratica della non violenza. Penso a chi ha saputo esprimere una protesta attraverso la disobbedienza civile. In tal caso non si è di fronte a una mera protesta. Dice Capitini: "La disobbedienza civile, infrange la legalità, senza tuttavia attentare alla vita, o all'onore, o alla vita di alcuna persona [...] può essere difensiva, rivolta contro leggi ingiuste [...]. La disobbedienza civile di attacco è disobbedienza volontaria, che è una rivolta contro lo Stato oppressore".

Va da sé che Capitini, non meno di Gandhi, aveva in mente un mondo giusto e riteneva che la pratica della non violenza fosse apertura alla libertà, allo sviluppo dell'uomo, che perciò non si limita a rifiutare atti di violenza ma guarda più lontano. In tal senso suona primaria la lotta contro il militarismo, ritenuto una scuola che prepara all'ingiustizia, all'ineguaglianza, alla morte.

9

La giustizia e la battaglia delle donne contro la supremazia maschile

Mio nonno avrebbe desiderato un nipote maschio, mio padre gli diede soltanto due nipotine. Nonno era buono e voleva molto bene a me e a mia sorella Chiara, ma sempre con tristezza. Io ero molto vivace: portavo i pantaloni e giocavo con i cugini maschi. Ogni tanto sentivo su di me lo sguardo del nonno: fiero e al tempo stesso addolorato.

Sarebbe bello poter dire che in Europa è stata raggiunta una vera, sostanziale parità di diritti tra uomini e donne. Certamente le Costituzioni dei nostri Stati la prevedono, ma in realtà le statistiche dimostrano che – con alcune eccezioni nei paesi del Nord Europa – le posizioni apicali nelle aziende e in politica sono occupate in grande maggioranza dagli uomini. E che gli uomini guadagnano più delle donne.

Non sono monarchica non solo perché sono contraria a quella follia del diritto dinastico per cui ci sono primogeniti che non possono sottrarsi al compito di regnare. Re Carlo III d'Inghilterra mi fa pena: costretto a prendere in moglie una donna che non voleva, soltanto da vedovo ha potuto sposare la donna che ha sempre amato. Imbarazzo e infelicità.

Nei secoli, noi donne ci siamo viste negare la possibilità di essere uguali agli uomini. Radicati stereotipi maschilisti non ce l'hanno consentito, lasciandoci credere di essere il "sesso debole", creature inferiori e perciò inadatte – a volte persino indegne – a ricoprire certi ruoli. Quante volte ci siamo sentite dire: «Questo è un lavoro da maschi»? Oppure: «Vattene, questi sono discorsi da uomini».

La storia è stata crudele con le donne. In un impeto di pietà ha lasciato loro uno spazio esiguo: per tantissimo tempo, l'affiorare del nome di una donna nell'arte, nella letteratura o, ancor di più, nella scienza è stato una circostanza rara e sorprendente. È una conquista recente la consapevolezza che una donna può aver lasciato un segno, ma non ci siamo davvero liberati dai lasciti di una mentalità patriarcale.

Tutti conoscono Caravaggio, ma soltanto in anni relativamente recenti è stato riconosciuto il talento di Artemisia Gentileschi, che sublimò nell'arte il dolore, la paura e la rabbia per le violenze subite poco più che bambina. Tutti conoscono Manzoni o Leopardi ma pochi sanno che fu la sarda Grazia Deledda la prima donna italiana insignita del premio Nobel per la letteratura nel 1926.

Negli ultimi tempi sembra essere cominciata una vera e propria caccia al tesoro: molti studiosi, accademici o studenti universitari si votano al recupero delle figure femminili crudelmente dimenticate dalla Storia. Credo che questo contribuisca alla voglia di riscatto che mi sembra di cogliere nell'aria, un sentimento per tanto tempo rimasto sotto traccia, come lava che gorgoglia nelle profondità di un vulcano dormiente.

Le cose sono molto cambiate da quando "donna" era sinonimo di "madre" o "casalinga". Di certo però la nostra biologia ha giocato contro di noi, confinandoci a lungo nel ruolo di madri amorevoli e docili mogli: oggi non è più così, ma per una donna conciliare lavoro e famiglia continua a non essere affatto facile. Mi sembra che soltanto nelle coppie più giovani la cura della casa e l'accudimento di figli e genitori anziani stia cominciando a diventare la normalità e non una gentile concessione a favore delle donne, che dunque cominciano finalmente ad avere più tempo da dedicare al lavoro o anche "soltanto" a loro stesse.

Dispiace dire che la maternità continua a essere un "punto debole", un "rischio" che legittima differenze salariali e discriminazioni in ambito lavorativo, fino a pratiche inaccettabili come le dimissioni in bianco. Siamo di fronte al retaggio di un patriarcato di cui sembra che si siano accorti tutti all'improvviso. "Patriarcato", "patriarcale" tornano infatti nel linguaggio comune con preoccupante frequenza: purtroppo, ancora non sempre come sintomo di consapevolezza ma come piaga scoperta, tutta ancora da curare.

La nostra funzione biologica non deve e non può, dopo anni di lotta per l'emancipazione femminile, coincidere con la nostra funzione sociale. Possiamo decidere di avere dei figli e di dedicarci a loro, ma anche di averli e di non rinunciare per questo a realizzarci al di fuori del ruolo di madre (non è facile, e le leggi non bastano, da sole, a renderlo possibile); oppure possiamo decidere di non averli e di concentrarci sul lavoro o su noi stesse, senza per questo essere considerate "snaturate". Il diritto di scegliere ce lo siamo conquistato con fatica, sin da quando, nel 1946, le donne italiane sono andate per la prima volta alle urne per votare. Non è un caso che quel voto sia al centro di uno dei film più popolari degli ultimi anni, *C'è ancora domani*, di Paola Cortellesi.

Io non mi sento certo inferiore a un uomo, né come essere umano né come avvocato. Mi sento semplicemente diversa, e di questa diversità vado fiera.

10

La posizione della donna nel Ventesimo secolo secondo il codice ante e post guerra. Giustizia maschilista

La strada verso l'uguaglianza tra uomini e donne è lunga, accidentata e insidiosa. Spesso è ancora più formale che sostanziale, e il continuo ripetere che è stata finalmente raggiunta – come si sente dire da più parti – non fa che allontanare il momento in cui lo sarà davvero.

Le donne hanno subìto discriminazioni persino dallo strumento che dovrebbe proteggerle: la legge. La legislazione italiana, sia quella civile sia quella penale, ha faticato ad abbandonare pregiudizi e stereotipi maschilisti che legittimavano le disparità di trattamento tra uomini e donne, trattandole come esseri "naturalmente inferiori". Il delitto d'onore non è che uno dei molteplici esempi di questa giustizia maschilista.

Soltanto la legislazione del Ventesimo secolo ha cercato di equiparare la posizione della donna a quella dell'uomo. L'abrogato articolo 587 del codice penale del 1930 recitava che: "Chiunque cagiona la morte del coniuge, della figlia o della sorella, nell'atto in cui ne scopre la illegittima relazione carnale e nello stato d'ira determinato dall'offesa recata all'onor suo o della famiglia, è punito con la reclusione da tre a sette anni. Alla stessa pena soggiace chi, nelle dette circostanze, cagiona la morte della persona che sia in illegittima relazione carnale col coniuge, con la figlia o con la sorella".

La Costituzione del 1948 introdusse finalmente il concetto di eguaglianza tra i coniugi.

Fino al 1981 sono stati in vigore sia il delitto d'onore sia – altra beffa – il matrimonio riparatore. Per salvare l'onore della famiglia, le ragazze vittime di violenza sessuale dovevano immolarsi accettando di contrarre matrimonio con lo stupratore: la loro dignità valeva meno dell'onore della famiglia.

La violenza di coppia continua all'interno di coppie sposate e no, ed è presente anche nelle relazioni clandestine. Tra i giovani si nota la crescita di violenze sessuali commesse da veri e propri branchi, spesso in concomitanza con l'uso di sostanze stupefacenti.

11
La giustizia in tribunale

Nonostante abbia conseguito una laurea in Giurisprudenza presso l'Università di Palermo, non ho mai esercitato la professione di avvocato o di giudice in Italia e dunque posso parlare solo del sistema giuridico inglese, dove ho lavorato per quarant'anni: come avvocato e come giudice presidente dello Special Educational Needs Tribunal (SENDIST), creato nel dopoguerra per deliberare su casi di bambini con problemi di apprendimento. Il tribunale è composto da un presidente e due giudici a latere, un insegnante e un pediatra.

Da quando, ventunenne, mi sono sposata ho vissuto negli Stati Uniti, nello Zambia e infine in Gran Bretagna: tutti paesi anglofoni il cui diritto è basato sulla Common Law, interpretata in vari modi dalle tre giurisdizioni all'interno delle quali ho lavorato.

Come insegna il diritto romano, il tribunale è uno strumento di risoluzione pacifica delle controversie tra le parti, istituito affinché i cittadini non vengano alle armi. È anche simbolo di un'evoluzione culturale che rifiuta la violenza privata e rispetta il valore dell'imparzialità del giudice.

Nei tribunali della maggior parte degli altri Stati europei la giustizia viene amministrata attraverso il dialogo, il contraddittorio e la documentazione portata dalle parti, secondo regole non dissimili.

Le parti sono coloro nei cui confronti si svolge il giudizio e su cui avrà effetto la sentenza, e hanno il diritto di essere rappresentate in tribunale.

Nel sistema civile si tratta di due o più privati: un attore – che inizia il giudizio – e un convenuto – che viene chiamato a rispondere –, ciascuno rappresentato da un difensore. Spesso, prima di andare in tribunale gli avvocati comunicano tra loro per risolvere "amichevolmente" (per quanto possibile) il contenzioso: è un grande risparmio di tempo e di denaro.

Nel sistema penale questa transazione non è accettabile: a processo, davanti al giudice non ci sono due privati ma l'imputato – il soggetto accusato di aver commesso un reato – e il pubblico ministero. Il pm è un magistrato incaricato di tutelare gli interessi pubblici dello Stato: garantire che i colpevoli siano puniti e gli innocenti siano rimessi in libertà. Prima del giudizio, deve dirigere e condurre le indagini essenziali a ricostruire il fatto. Infine, prende una decisione: formulare l'accusa e "rinviare a processo", oppure, se ritiene che non ci siano sufficienti elementi di prova a carico dell'indagato, chiedere l'archiviazione.

A volte il pubblico avverte un senso di ingiustizia davanti alle notizie di archiviazione o, ancora peggio, davanti a pene ritenute "non abbastanza severe". Questa sensazione deriva da un fraintendimento non solo del ruolo dell'accusa e del pm, ma anche del funzionamento stesso del processo penale: gli Stati moderni si ispirano a un senso di giustizia che non vuole essere accanimento giudiziario. Si cerca la verità – non quella assoluta, naturalmente –, ma non in modo spietato e non per un tempo eccessivamente lungo. Inoltre, dev'esserci un costante bilanciamento tra giustizia e garanzie dell'indagato: a volte, queste ultime prevalgono e il pubblico ministero non può che archiviare.

La giustizia è uguale per tutti: anche i minori, gli incapaci e le associazioni, tramite i loro legali rappresentanti, possono rivestire il ruolo di parte nel processo.

12

Che cos'è una giuria

In Inghilterra, la giuria ha un ruolo decisivo. Nei processi penali la giuria si compone di dodici membri (quindici in Scozia), nei processi civili i membri devono essere almeno sei. I giurati sono cittadini, uomini e donne, privi di precedenti penali il cui nome viene estratto casualmente dal registro elettorale. Chi viene nominato ha il dovere di rispondere entro sette giorni e svolgerà la funzione di giurato per circa una decina di giorni, senza retribuzione fissa: può solo chiedere il rimborso delle spese di viaggio, la perdita dei giorni lavorativi e altre piccole spese.

Nel penale, il compito della giuria è esprimere un verdetto sulla base di quanto ha sentito, letto e poi considerato in Camera di consiglio: "colpevole" o "non colpevole", senza fornire alcuna motivazione; quello è compito del giudice, che poi commina la pena.

13
Il giudice

Uno dei miei migliori amici è Rino Messina, compagno di università, presidente per molti anni del Tribunale militare di Palermo. Una delle mie migliori amiche è stata un giudice civile all'Alta Corte di Londra, la Baroness Patricia Scotland, caraibica. Io, come ho detto, più modestamente ho presieduto per una decina d'anni lo Special Educational Needs and Disability Tribunal. Dopo aver svolto la professione forense per una quindicina d'anni, per noi avvocati è infatti doveroso offrirci al sistema giudiziario come giudici part time.

Lavorando per il SENDIST, mi sono resa ben presto conto che la velocità è parte integrante della giustizia. Quando si ha a che fare con ragazzi che hanno problemi di apprendimento, l'obiettivo non può essere solo trovare la collocazione giusta nell'ambiente scolastico: lasciarli per troppo tempo a casa, lontani dai compagni, in attesa della decisione del tribunale, li fa sentire confinati, esclusi, ma soprattutto "indegni".

In Inghilterra, i giudici del SENDIST sono esperti in materia, scelti tra avvocati, medici, insegnanti e altri professionisti che conoscono i problemi degli studenti. Durante il processo, ogni giudice deve esprimersi in modo semplice e chiaro, per farsi capire dai genitori dei ragazzi, che possono essere anche di origine straniera o essere poco istruiti.

Non lo ripeterò mai abbastanza: il linguaggio dev'essere specifico, ma senza tecnicismi. Il dovere di essere chiari non riguarda soltanto i giudici a latere ma anche il giudice che emette la sentenza.

In genere, nel Regno Unito la professione di giudice è esercitata sia dalle donne sia dagli uomini, in misura più o meno eguale. I giudici sentono il dovere di "restituire" qualcosa alla società, che ha permesso loro di studiare, raggiungere gli obiettivi accademici prefissati e poi di lavorare e fare carriera. Chi occupa i vertici dei diversi ordini professionali cerca sempre colleghi che abbiano le caratteristiche adatte per lavorare all'interno di un tribunale specialistico, come per l'appunto il SENDIST.

Prima dell'udienza, il giudice deve aver letto tutta la documentazione depositata in tribunale dalle parti. Durante l'udienza, ascolta e pone domande con umanità e delicatezza. Ha il diritto di rinviare l'udienza, sia per raccogliere ulteriori prove sia per ascoltare nuovi testimoni o chiedere l'intervento di un perito, cioè un esperto in materia, senza tuttavia dimenticare che la velocità è funzionale ad assicurare la giustizia, soprattutto nei casi dei minori. Infine, il giudice emette la sentenza.

14

La giustizia degli appellativi

Il linguaggio, oltre a essere semplice e comprensibile da tutti, dovrebbe anche non offendere nessuno: bisognerebbe tener conto di queste esigenze senza tuttavia andare a scapito della verità, della giustizia, del rispetto.

In linea di massima, trovo irrilevante e talvolta fastidioso il concetto di "politicamente corretto".

Mi rendo conto che nel passato, in Inghilterra, chi era di origine aristocratica teneva molto a sottolinearlo e i figli cadetti dell'aristocrazia, pur non avendo un titolo nobiliare, avevano diritto all'appellativo *honorable* – abbreviato in *hon.* Un po' come in Italia, dove il nome dei figli cadetti era preceduto da "don" o "donna".

Da quando in Italia c'è la Repubblica, questi appellativi sono rimasti in uso solo in certe regioni. In Sicilia, la mafia se n'è impossessata e tutti i capimafia, quale che sia la loro origine, sono chiamati "don". Le donne mafiose invece, a quanto ne so, non godono di questo "onore".

15
La giustizia con figli e nipoti

Non ho mai detto ai miei figli: "Mamma vi vuole bene", era una cosa che sapevano e di cui si accorgevano, ma ho sempre detto: «Mamma è fair», cioè giusta. Lo stesso ho fatto con i miei nipoti.

Mi sono chiesta spesso, quando ero una giovane mamma e poi una giovane nonna, se davvero sono stata giusta. Certe volte, quando Giorgio e Nicola erano piccoli e li sentivo litigare, intervenivo pesantemente e li rimproveravo entrambi, anziché farmi spiegare cos'era successo. Poi, per farmi perdonare, distribuivo equamente tra loro pistacchi e dolcetti.

Me ne dispiaccio e non ne vado fiera.

Essere giusti significa trattare tutti con rispetto ed equità. In tutti gli Stati, la società sopravvive bene soltanto se tutti i cittadini sono trattati nello stesso modo e le leggi vengono applicate senza discriminazioni.

16

L'ingiustizia sociale: l'Ottocento inglese

Nell'Ottocento, l'Inghilterra è stata terreno fecondissimo per le riflessioni sull'ingiustizia sociale.

Io vivo a Londra ed è quasi impossibile non continuare a leggere, pur attraverso il filtro del tempo passato, i segni lasciati dal secolo della seconda industrializzazione, della caotica espansione delle città a detrimento delle campagne. Povere le campagne, ma ancora più povera la manovalanza di uomini e donne. I salari ridicoli, giustificati – si fa per dire – dalla massificazione della manodopera, produssero fenomeni di indigenza spaventosa e mutarono perfino la fisionomia della città. Ci furono quartieri che, segnati da un moderato benessere nel secolo precedente, si trasformarono in alti edifici destinati ad accogliere quanti più abitanti possibili, in tuguri assemblati l'uno sopra l'altro, in formicai dove non potevano che darsi spaventose forme di convivenza. Furono gli slums. Gli slums di Whitechapel, East London, St James. The darkest London. Di questa Londra abbiamo letto in Dickens e perfino in Jack London, che la visitò e ne trasse, non a caso, un libro-testimonianza dal titolo estremamente significativo: *Il popolo dell'abisso*. Già, l'abisso. Quello stesso inferno in cui Charles Dickens ci accompagna insieme a David Copperfield e soprattutto a Oliver Twist, quando viene educato al furto dal coetaneo Jack Dawkins – altrimenti noto come Artful Dodger e ospitato in quella sorta di ospizio o workhouse del ladrocinio che è la casa del vecchio Fagin. In una sola sequenza di scene Dickens ci mette di fronte alla malavita degli slums, alla condizione derelitta dell'infanzia abbandonata, al fenomeno – diffusissimo – della prostituzione (che qui ha i tratti della buona Nancy). The darkest London. Mai la forbice povertà-ricchezza fu rappresentata con più vigore.

E a questo "buio" di fatto, non meno che sociale, si deve anche l'immagine della città delittuosa e violenta, quella, per intendersi, di Jack the Ripper, Jack lo Squartatore, che nutrì a lungo gli incubi delle classi medie.

Pensare ora a bambini e bambine di otto o nove anni impiegati nei filatoi anche per dodici ore al giorno suona raccapricciante, ma in realtà quelle creature erano manodopera a basso costo, che consumava gli anni dell'infanzia e dell'adolescenza per garantirsi la continuità del lavoro adulto. Camini funzionanti ormai ne vediamo raramente, ma allora Londra era costellata di comignoli e la figura dello spazzacamino fu a lungo quella di un bambino, capace – proprio perché piccolo ed esile – di calarvisi dentro e di svolgere il proprio ruolo con sempre maggior competenza ed efficacia. Il muso nero, le corde avvoltolate sotto il braccio, un cappelluccio calcato sulla testa. Così certa pittura realista ci ha passato l'immagine tenera dello spazzacamino, ma sappiamo che siamo ben lontani da ogni forma di tenerezza. Era sfruttamento, e basta. Bisogna aspettare il filantropo James Hanway perché il Parlamento arrivi nel 1878 a un Chimney Sweepers

Regulation Act, che fissa a dodici anni l'età di assunzione dei minori. Ma c'era voluta la morte per soffocamento del piccolo George Brewster, nel 1875. Di giusto non c'è nulla. Carbone, polvere, miseria.

L'Inghilterra era, d'altro canto, una nazione floridissima che, al di là delle industrie e delle miniere (dove vigeva impunito o addirittura promosso il lavoro minorile), poteva contare sullo sfruttamento delle colonie, su un dominio pressoché globale. Siamo di fronte a condizioni economiche che portano le contraddizioni sociali al massimo punto di tensione. E infatti è proprio in Inghilterra e nel suo proletariato che Karl Marx vede le premesse ottimali di una trasformazione radicale.

Non è un caso che a Londra, nel 1847, la Lega dei Giusti diventi, grazie a Marx e a Engels, la Lega dei Comunisti. "Tutti gli uomini sono fratelli" era il suo motto. Da Marx in poi il tema dell'ingiustizia sociale si fa programma politico con caratteristiche universali. Ed è a Londra che quel gruppo di carbonari tedeschi, ispirati da una sacrosanta disposizione morale (i giusti), acquisisce un respiro più grande, universale. Non poteva che accadere lì, nella città che in maniera più drastica faceva esplodere le contraddizioni del capitalismo. Karl Marx ci abitò a lungo nella darkest London, in estrema povertà, e, piagato dall'indigenza, vi perse tre dei suoi sette figli. La sua tomba è nel cimitero di Highgate. Per tanto tempo il grande busto di bronzo con sotto, incisa, la frase WORKERS OF ALL LANDS UNITE, "proletari di tutti i paesi, unitevi", è stato meta di pellegrinaggio. Ora giace quasi abbandonato.

E a proposito di monumenti: come non considerare quelli dedicati alla sovrana che "occupò" quasi per intero l'Ottocento? A dieci minuti da casa mia, proprio di fronte a Buckingham Palace, si leva il Victoria Memorial, un monumento che celebra a tutto sesto la regina Vittoria: sotto le ali spiegate della Vittoria in bronzo dorato si stagliano le personificazioni allegoriche della Costanza, del Coraggio, della Verità, e naturalmente della Giustizia. Rivolta verso la città, assisa con i simboli del potere in grembo, guarda con materna severità. Mi capita spesso di fermarmi a contemplare questa donna che fu la prima regnante a non esercitare il potere direttamente, bensì attraverso i suoi ministri (fra gli altri: Lord Melbourne, Robert Peel, Benjamin Disraeli e William Ewart Gladstone), e quindi destinata a *rappresentare* piuttosto che a *deliberare*. Fu, in tal senso, l'icona perfetta di un mondo in costante trasformazione. Malgrado gli alti e bassi del gradimento e l'incombere di un repubblicanesimo aggressivo, ebbe modo di incarnare la solidità di un impero sempre più vasto e sempre più complesso. Solidità tutta femminile, va detto. Tanto che, pur attraverso le rigidità del perbenismo che siglò la società e la cultura del suo tempo (la dizione "epoca vittoriana" contiene esattamente il moralismo che ispirò la forma della condotta civile), la figura della regina fu di ispirazione per molte donne. In fondo rivendicò con austera determinazione la sua dedizione al trono, sposò il cugino Albert Sassonia-Coburgo-Gotha per amore, lasciando sempre trasparire una forte e devota sensualità, si mosse fra i suoi ministri con sempre maggiore scioltezza di giudizio e seppe dare al mondo un'immagine di donna tutt'altro che remissiva. Inaugurò l'Esposizione Universale del 1851, espresse una crescente simpatia per l'Irlanda, ebbe caro lo sviluppo delle scienze, fu più volte oggetto di attentati. Fu, insomma, un modello riconoscibile.

La guardo fissata per sempre dal marmo nell'atto di incarnare la potenza del Regno Unito. Non ho una particolare propensione per le figure che devono la propria condizione al privilegio – soprattutto a quello del sangue. La magniloquente presunzione di tanta sopravvissuta nobiltà siciliana mi ha insegnato a diffidare là e altrove delle qualità che derivano dall'aristocrazia. A Vittoria fu chiesto di portare sulle spalle un peso politico e morale che sostenne senza rinunciare a una certa duttilità, e forse addirittura impertinenza del cuore. Non ebbe in simpatia le prime lotte delle donne, ma dalle donne si lasciò ispirare opponendosi di fatto allo stato di subordinazione coniugale. Mi sembra di poter sostenere che, storicamente, alla fine del suo lungo regno le donne si trovarono in una posizione più mobile, meno minacciata da ottusità e limitazioni.

Vero è che mai come nell'epoca vittoriana la prostituzione fu fenomeno di dimensioni spaventose, quasi ingovernabile, legato com'era al caos e alla miseria degli slums. Il corpo delle donne fu, più di sempre, mercificato e umiliato – e la sessualità, intesa come onere, indecoroso fardello, veicolo di malattie e di contagio morale, messa al bando.

A questo mondo, a questa società guarda la monumentale Vittoria ritratta da Sir Thomas Brock, grave di vesti che, dalla morte del principe Alberto, furono rigorosamente nere, luttuose. Eppure, anche attraverso il lutto, nelle relazioni che seguirono, nella vita ritirata a Windsor, a Osborne House e a Balmoral, la regina Vittoria crebbe insieme all'ingiustizia sociale e alle contraddizioni di tanta potenza ma non smise di comunicare (e in fondo questo si chiedeva alla monarca moderna: comunicare) la profonda identificazione del suo destino con i destini generali dell'impero.

17
Le public school

In Inghilterra esistono tuttora le famose public school, che – a dispetto del nome – non sono affatto pubbliche: antichi collegi con aule spaziose, dormitori per gli studenti e appartamenti per gli insegnanti. Alcuni sono maschili, altri femminili.

In Inghilterra si dava e si continua a dare grande importanza all'attività fisica e si organizzano competizioni tra le diverse public school.

Fino all'inizio del secolo scorso le public school erano terreno fertile per l'omosessualità, tra studenti e tra studenti e professori. Questa tendenza si manifestava anche nelle più celebri università, come Oxford e Cambridge, che aprirono le porte alle donne rispettivamente nel 1879 e nel 1869 (anche se per decenni le donne poterono soltanto seguire le lezioni ma non iscriversi a un corso di laurea; Cambridge fu l'ultima università inglese a riconoscere questo diritto, nel 1940).

L'importanza delle public school era enorme quando l'Inghilterra era un impero coloniale: c'era bisogno di giovani indipendenti e autonomi, pronti ad affrontare una vita solitaria nelle colonie, in un mondo sconosciuto, lontano dagli agi di casa. Pochi sposavano straniere, perlopiù sceglievano mogli inglesi che spesso provenivano da scuole private non diverse dalle loro, come si legge nel romanzo di E.M. Forster, *Passaggio in India*, al quale si ispirava il dramma teatrale di Santha Rama Rau, e dal quale David Lean trasse il film omonimo.

Nel complesso, i cittadini britannici che vivevano nelle colonie rispettavano la cultura del paese in cui vivevano ma non si mescolarono mai con la gente del luogo, anche per mantenere la superiorità dell'impero britannico.

Quando mio marito e io vivevamo a Lusaka, nello Zambia, ospitammo un anziano signore inglese, Colin Cook, nato in Rhodesia e sposato a un'inglese, nata anche lei in Rhodesia. Quando il loro paese fu diviso in due e il Nord divenne uno Stato indipendente chiamato Zambia, la moglie si rifiutò di seguirlo e di trasferirsi nella nuova capitale Lusaka, dove lui faceva i suoi affari: Colin Cook era il rappresentante delle calze di nylon Pretty Polly, le compravano tutte le donne bianche della regione e poi furono apprezzate anche dalle donne africane, molte delle quali attive in politica e dunque desiderose di fare bella figura. A quanto mio marito e io avevamo capito, a un certo punto si era deciso a lasciare la moglie – autoritaria, scorbutica e razzista – ed era partito.

A Lusaka, Colin Cook era solo e felice. Amava il whisky e ogni sera lui e mio marito si concedevano i loro sundowner: stavano in giardino con gli occhi fissi al cielo, il bicchiere di whisky in mano, intatto, e discutevano serissimi se il sole fosse effettivamente calato oltre l'orizzonte o se si fosse nascosto dietro i rami degli alberi, talmente grandi da oscurare parte del cielo.

«Mi sembra che si sia già poggiato sull'orizzonte, non credi anche tu?»

«A me pare in bilico... Aspettiamo ancora un po'.»

Queste conversazioni duravano finché l'uno o l'altro annunciava solenne la bella notizia: «Il sole è calato».

A quel punto si alzavano, raggiungevano la balaustra della veranda e, appoggiati lì, brindavano al sole morente. E finalmente bevevano.

Mentre aspettavamo la cena, Colin e mio marito continuavano a sorseggiare whisky e parlavano spesso di giustizia sociale. Colin aveva lasciato la Rhodesia perché non tollerava il razzismo dell'allora primo ministro Ian Smith; mio marito Martin, dopo aver vissuto in Inghilterra e negli Stati Uniti, era determinato ad aiutare i nuovi paesi emergenti africani in veste di economista e lavorava per il ministero del Commercio zambiano. Un vecchio e un giovane, ambedue sognatori ma determinati a estirpare le ingiustizie nel mondo del lavoro. C'era la speranza che, sull'onda di quanto sarebbe (forse) accaduto nello Zambia, le cose cambiassero anche in Rhodesia. E chissà, magari un giorno le due nazioni si sarebbero riunificate.

Ci credevano entrambi. Ero sorpresa dall'innocenza di mio marito. Pensavo che nella sua Inghilterra, negli ultimi due secoli, la Rivoluzione industriale e il movimento dei laburisti non erano riusciti a migliorare le condizioni dei lavoratori: dai minatori agli impiegati del governo; dai contadini ai negozianti. La Rivoluzione industriale – al di là dei suoi innegabili meriti – aveva creato una classe di schiavi legati alla catena di montaggio, costretti a un lavoro alienante in pessime condizioni igieniche, spesso in pericolo e senza alcuna tutela previdenziale o sanitaria.

La famiglia di mia madre aveva posseduto una solfatara ed ero dolorosamente consapevole delle condizioni in cui avevano lavorato i minatori, oltre che della necessità di aiutare la popolazione dello Zambia. Concentrai i miei sforzi su George, il nostro cameriere, che viveva insieme alla famiglia in un capannone accanto al nostro bungalow. Avrei voluto che imparasse l'inglese, ma scoprii in quell'occasione che George era analfabeta: allora, su sua richiesta, gli diedi delle ore libere perché potesse imparare a leggere e scrivere la sua lingua.

Quando ripartimmo dallo Zambia gli lasciammo tutta la biancheria e il corredo di casa, incluso il televisore, a patto che lui mi scrivesse una volta conseguita la licenza elementare. Puntuale, qualche mese dopo mi arrivò la sua cartolina.

18

Lo schiavo per i Greci e i Romani

La condizione dello schiavo non era considerata ingiusta dai Greci e dai Romani (i primi occidentali ad averla creata, circa tre millenni fa). Allora la schiavitù era pienamente accettata, soprattutto quando gli schiavi erano un bottino di guerra. I Romani, d'altro canto, furono anche i primi a istituire la liberazione degli schiavi: al momento giusto, uno schiavo fedele, intelligente e onesto veniva ricompensato con la libertà, prendendo il nome di "liberto".

In Russia sono esistiti i "servi della gleba", considerati proprietà del padrone non meno della terra che lavoravano per suo conto. La servitù della gleba venne abolita soltanto nel 1861, dallo zar Alessandro II, anche se le condizioni di vita dei contadini non migliorarono affatto (aumentò la dipendenza economica e fu revocata la tutela giuridica) e si dovette attendere la Rivoluzione d'ottobre perché potessero davvero affrancarsi.

L'accenno alla schiavitù nell'antichità in verità serve solo ad aprire un taglio prospettico verso il passato (altro e più complesso tema sarebbe il commercio di schiavi verso le Americhe).

Che cosa definisca una condizione di schiavitù sembra semplice. Come si è detto, Greci e Romani avevano delle regole, e comunque lo schiavo era, per quanto la cosa possa non piacere, una parte integrante dello scacchiere sociale.

Ma a quale scacchiere sociale appartengono gli uomini e le donne ai quali si tolgono diritti e identità per meglio piegarli a un lavoro pagato malissimo e a una condizione di sopravvivenza spaventosa?

Alcuni amici sociologi mi dicono che in tutto il mondo esistono organizzazioni criminali che costringono i lavoratori, soprattutto gli immigrati, a un regime non dissimile dalla schiavitù: anche in Italia.

Viaggiando in automobile in Puglia – dove mi trovavo per promuovere un romanzo –, sotto un cielo meraviglioso e in mezzo a una natura rigogliosa, vidi dei movimenti strani nei campi di pomodoro. Pensavo fosse uno stormo di corvi. Soltanto quando ci avvicinammo mi accorsi che erano uomini neri, seminudi, che strisciavano per terra davanti al loro caporale.

È stata la prima volta – ma non l'ultima – che mi sono vergognata di essere europea e italiana.

19

La schiavitù contemporanea

La schiavitù ha sempre assunto significati diversi, ma ha sempre funzionato allo stesso modo. È una sorta di rito, di ciclo: c'è un caporale che "raccoglie" individui che ritiene inferiori perché diversi – per cultura, per origine. La schiavizzazione comincia dal momento in cui c'è chi li compra, chi li irreggimenta, chi li trasporta, chi li consegna.

Questo genere di schiavitù contemporanea è evidente, è agghiacciante, si sa che viene praticata, la si vede, eppure rare sono state le manifestazioni per debellarla. La schiavitù è inaccettabile, dovunque venga praticata. Adesso vedo in Italia e in Inghilterra una soft slavery nei confronti dei giovani dell'Europa occidentale e non venuti in Inghilterra con un permesso di visita o di residenza limitata, che lavorano in nero. La soft slavery mi lascia totalmente perplessa.

Vivo nel centro di Londra, non lontano dal Parlamento, un quartiere rispettabile, tranquillo. Ma anche qui vedo giovani immigrati trattati come "schiavi" nei bar, nei negozi e nelle case private. Vengono pagati in contanti e poco, vivono in appartamenti affollati, non osano comprare un'automobile, investire denaro in banca o sperare di poterne mettere da parte abbastanza per comprare una casa. Eppure, molti lavorano presso famiglie di giuristi, deputati, avvocati come me... ma nessuno sembra volerli aiutare.

A Londra è diventato difficile trovare un cameriere in regola. Nel settore dei lavori domestici prospera il lavoro nero. Per un periodo ho assunto un donnone dell'Europa dell'Est che fa le pulizie nell'intero edificio dove vivo. È un personaggio che mi sorprende e al contempo mi confonde. Pulisce come Dio vuole, ma lavora soltanto otto settimane di fila, poi, grazie al cash ricevuto, se ne prende due o tre per vacanze meravigliose di cui mi racconta tutto. È una donna che mi tratta da pari e sa godersi la vita.

20
Il senso di giustizia di fronte alla condizione dei migranti

La storia dell'umanità è anche la storia di popoli che esercitano il loro dominio su altri popoli. Non è esattamente razzismo, ma certamente una forma severa, spietata di classismo. Che le società civili siano sistemi di caste, classi, gruppi e razze diverse, non è fenomeno degli ultimi due secoli. Come ho già detto, i Greci avevano degli schiavi, per la maggior parte abitanti di altre isole o dell'entroterra, diversi da loro per cultura e istruzione, che solo con il tempo, pian piano, furono oggetto di inclusione.

I Romani non furono da meno, ma essendo un popolo occidentale, interessato soprattutto all'opulenza e all'equilibrio della struttura sociale, la pratica della conquista e della sottomissione di nuove popolazioni era la premessa di un processo che comprendeva la promozione e la ricompensa, diciamo così, meritocratiche, vale a dire legate ai benefici apportati allo Stato dai compiti a loro affidati. Lo schiavo libero entrava *toto corpore* nella società romana, e contribuiva a una nuova conformazione identitaria.

Per quanto ci siano abissi di tempo e di cultura politica fra quel mondo e noi, non posso non pensare alle attuali forme di migrazione: siamo di fronte a una condizione servile non diversa da quella dei popoli sottomessi dai Romani, ma manca un'amministrazione oculata che ribalti la "conquista" in futuro e integrazione. Certo, il processo di globalizzazione messo in atto dall'impero era un obiettivo deliberato di una città diventata il centro del mondo. Negli ultimi trent'anni assistiamo al contrario a una scena in cui la globalità è misurata dalla capacità di ricezione di popoli che non possono più contare sulla terra in cui sono nati. Paradossalmente, l'effetto è lo stesso.

Questi movimenti migratori hanno comunque prodotto nuove fusioni. Lo si è visto nei paesi caraibici, dove la maggior parte della popolazione colta e attiva ha sangue africano e non caraibico.

L'esempio dei britannici e di altri paesi europei come la Francia ha dato spunto alla trasformazione migratoria di piccole nazioni che non hanno mai posseduto colonie. Il passaparola della nuova vita oltre oceano ha incoraggiato popoli come quello italiano e dell'Europa dell'Est a emigrare.

L'emigrazione italiana è nata quasi contemporaneamente all'Unità d'Italia.

Noi siciliani purtroppo come popolo eravamo considerati inferiori. Soltanto le famiglie aristocratiche erano trattate da pari e dunque anche il Sud Italia ha cominciato a emigrare, soprattutto nelle due Americhe ma anche nel resto dell'Europa; e poi pian piano, dopo la Seconda guerra mondiale, abbiamo conosciuto il fenomeno dell'emigrazione interna: dal Sud verso il Nord, verso il Piemonte, la Lombardia, l'Emilia-Romagna e la Liguria. L'emigrazione siciliana a Roma era di carattere diverso, era politica e dunque basata sul clientelismo e su quel poco della mafia che a metà dell'Ottocento stava proprio per nascere.

Ho sempre creduto che se uno straniero decide di venire nel mio paese ed è ammesso dalle autorità di frontiera merita accoglienza e sostegno, che nei casi di malattia e indigenza include le cure sanitarie essenziali e un documento d'identità.

D'altro canto, mi rendo conto – anzi, ce ne rendiamo conto tutti – che le migrazioni degli ultimi trent'anni hanno origini ancora più radicali rispetto al secolo scorso.

Non possiamo più permetterci di ragionare solo in termini nazionali.

Abbiamo sulle spalle il mondo intero.

21
L'Africa e il colonialismo

L'Africa si rovescia in Europa soprattutto perché ha sofferto duri e spietati secoli di colonialismo. Faccio il paragone con me stessa e la Sicilia, anch'essa ampiamente colonizzata. Nell'Ottocento i siciliani cominciarono a emigrare negli Stati Uniti e poi, dopo la Seconda guerra mondiale, verso il Nord, dove venivano trattati come gente inferiore.

Nonostante ciò, Francesco Crispi – nato a Ribera, in provincia di Agrigento, e appartenente alla minoranza greco-ortodossa rimasta nell'isola – divenne primo ministro nel 1887: fu il primo del Sud Italia. Ma fu anche il primo a interpretare in maniera autoritaria e repressiva il mandato ricevuto per gestire lo scontento di contadini e lavoratori – anche quello soffocato nel sangue fra il 1893 e il 1894 – espresso dal movimento dei fasci siciliani.

Mi capita ancora adesso, in Italia e all'estero, di sentirmi discriminata per la mia origine, di cui peraltro vado fiera. Mi capita anche in contesti insospettabili – un invito in ambasciata, una riunione con deputati inglesi – o quando ricevo complimenti o domande ambigue dagli inglesi.

La più frequente e offensiva è: «È venuta qui perché non

ne poteva più di tutta la mafia che c'è in Sicilia, vero?». Rispondo educatamente, con frasi come: «Be', so poco della mafia siciliana, vivo qui da tanti anni... Ma so che, ovunque attecchisca, vive e prospera». Spesso è anche l'ultima volta che rivolgo la parola alla persona in questione.

22

Come si può mettere in pratica quotidianamente il senso di giustizia?

Penso sempre alla giustizia. Sui mezzi pubblici offro il posto al signore anziano – forse mio coetaneo, ma appoggiato a un bastone. E mi è capitato più volte di intervenire nelle liti di strada tra ragazzini o adulti; non lo consiglio a tutti, perché a volte il paciere ci va di mezzo.

Quando ero piccola, i miei genitori si separarono: papà era andato a vivere con una donna straniera, insieme alla quale sperperò il patrimonio. Alla morte del nonno i parenti lo esortarono a ritornare da mia madre, che lo accolse nuovamente in casa.

All'età di diciassette anni fui mandata in Inghilterra, dove non volevo andare, perché secondo mia madre dovevo imparare tre lingue, come aveva fatto lei da ragazza. Le feci presente che parlavo già l'italiano e il francese, anche se, in odio al nazismo, avevo voluto dimenticare il tedesco, che pure avevo appreso dalla mia bambinaia.

Mamma insistette: «Devi *avere* tre lingue. Andrai in Inghilterra».

«Ma perché devo imparare tre lingue?»

«Amore mio, altrimenti come farai a intrattenere gli amici di tuo marito?»

Una risposta pesante, terribile, quella della mia adorata mamma. Lo immaginavo, questo ipotetico marito, come un omone che chiamava me, piccola piccola, nel salotto in cui era seduto con i suoi amici stranieri; a quel punto prendeva un cucchiaio, lo mostrava a tutti e poi mi chiedeva: "Simonetta, come si dice 'cucchiaio' in francese? E in inglese?". E tutti ridevano del mio accento.

Andai a Cambridge nel 1963, ero molto riluttante perché non volevo imparare l'inglese allo scopo di intrattenere – per me significava "far ridere", una cosa umiliante – gli amici dell'ipotetico marito. Non sapevo che proprio lì avrei conosciuto l'uomo che avrei sposato.

Dopo il matrimonio andammo a vivere prima negli Stati Uniti, poi nello Zambia, poi ancora a Oxford e da ultimo – tre anni dopo – a Londra, dove finalmente diventai avvocato.

Cominciai da Crawley & de Reya, un prestigioso studio della City. Molti clienti erano italiani, come la Fiat e le Assicurazioni Generali. Era uno studio importante, gestito dall'avvocato William Middleton, di madre italiana: è stato lui il mio maestro.

Mr Middleton mi spiegava che, in quanto avvocato, il mio compito era difendere qualunque cliente. «Devi rimanere onesta e devi far vincere la causa senza giocare sporco. È difficile, ma è giusto. Questo è il dovere dell'avvocato.»

Mi piaceva molto lavorare da Crawley & de Reya, nonostante tornassi a casa quando Giorgio e Nicola avevano già cenato ed erano pronti per andare a letto. Frequentavano la scuola elementare, e mi dispiaceva di non poter seguire i loro studi: l'incarico era stato affidato alla bambinaia, un'inglese molto affettuosa e attenta che però non si era dimostrata capace. Avrei dovuto mandarli in collegio, ma non volevo allontanarli da casa. Finché mi dissi: "Simonetta, non puoi rimanere nella City. Sei fottuta perché hai 'sti bambini. Devi trovare un lavoro vicino a casa che ti permetta di ritornare in tempo per cenare con i tuoi figli".

Ero certa che se fossi rimasta da Crawley & de Reya sarei diventata socia, sotto la guida dell'avvocato Middleton. Ma la mia priorità era essere una brava madre e accudire i miei figli fino a quando sarebbero andati all'università: dovevo proprio cercarmi un altro lavoro.

Un giorno di marzo del 1977 lessi sulla "Law Society Gazette" – il giornale dell'Ordine degli avvocati inglesi – l'annuncio del London Borough of Lambeth, uno dei comuni di Londra la cui sede era a Brixton Town Hall: cercavano un Child care solicitor. Il diritto dei minori mi appassionava, e il quartiere di Brixton era vicino a casa mia: solo dieci minuti di tragitto invece dell'ora e mezzo che impiegavo per arrivare nella City. Decisi di provarci.

Mandai il curriculum, sostenni un colloquio e mi fu offerto il posto di avvocato dei servizi sociali del comune. Istruivo procedimenti legali all'Alta Corte di giustizia e nei tribunali dei magistrati locali per togliere i bambini ai genitori maltrattanti, ma anche per restituirglieli una volta che si fossero curati e riabilitati. Mi occupavo inoltre di adozioni.

Aiutare chi aveva bisogno di un sostegno legale ma non aveva i mezzi per pagarselo era un lavoro meraviglioso. Quattro anni dopo, però, a Lambeth le elezioni comunali furono vinte dai conservatori: non particolarmente attenti al benessere dei bambini affidati ai servizi sociali, tagliarono tutti i sussidi.

Con una collega, Marcia Levy, aprimmo allora il nostro studio – Hornby & Levy – a Brixton, proprio di fronte al municipio di Lambeth. Ci occupavamo soltanto di cause di diritto di famiglia, e in particolare dei minori: avevamo creato un settore specializzato, il primo in Inghilterra... Cosa di cui Marcia e io siamo tuttora fiere.

23
La giusta scrittura

E poi arrivò la British Airways.

Era un giorno di settembre, tornavo a Londra dalla Sicilia. La mia valigia era piena di limoni e delle marmellate di mia madre. Il volo era in ritardo di tre ore, e stranamente non avevo con me un Camilleri da leggere. Mentre ero seduta senza fare niente, mi parve di veder scorrere davanti ai miei occhi un film in bianco e nero: c'era una donna che camminava nei campi, non capivo se fosse una contadina o una cameriera, vedevo mandorle, molte mandorle, poi la donna puliva le verdure, cucinava...

Il film si interruppe al momento dell'imbarco, riprese magicamente dopo il decollo e si concluse quando, superata la Manica, cominciammo la discesa verso Londra.

Arrivata a casa, telefonai a mia madre, le raccontai del ritardo.

«E adesso che fai?» mi chiese.

«Ora scrivo un romanzo. Si chiama *La Mennulara.*»

«Come, "un romanzo"?»

«All'aeroporto, mentre aspettavo, mi è venuto in testa un film, una storia!»

«Simonetta, non dire stupidaggini... Vabbè, amore mio, statti bene» concluse mamma.

Scrissi *La Mennulara*, il mio primo romanzo, in nove mesi – come una gravidanza. Ne parlai con un'amica di Palermo, Signoretta Alliata: subito mi disse che conosceva qualcuno in grado di aiutarmi e mi presentò Giovanna Salvia, che lavorava a Milano nell'editoria come free lance.

Nel giro di un paio di mesi mi arrivò una telefonata. «Sono Alberto Rollo» mi disse una voce gentile, milanese. Parlò a lungo della *Mennulara* in termini molto positivi – «Talento, c'è talento» – e infine mi annunciò che la Feltrinelli avrebbe voluto pubblicare il mio romanzo.

Da allora ne ho pubblicati tanti altri. Mi piace scrivere e comunicare a distanza con i lettori, e mi piace anche conoscerli.

Ho fatto tanti incontri e ho sentito crescere in me il desiderio di attingere al mio patrimonio di storie famigliari: sapevo che, dovunque fosse andata la narrazione, avrei stabilito un contatto, avrei costruito qualcosa.

Esiste una scrittura giusta? Credo proprio di sì. Anzi, ritengo che la scrittura sia comunque giusta. Al di là delle idee professate, quando ci sono. Raccontare significa dare un posto ai gesti che hanno siglato le vite umane, e solo la prospettiva di dare una sequenza agli eventi di una storia contiene una prima forma di giustizia. Nelle narrazioni (le classiche e quelle contemporanee) troviamo tanti, tantissimi tentativi di vivere, di provare a stare al mondo, di amare, di essere amati. Senza narrazioni il mondo non esiste. Senza narrazioni non esiste memoria. Senza narrazioni siamo soli.

Per questo la scrittura contiene in sé un nocciolo di giustizia universale. È vero che ci sono racconti malsani, è vero che la parola, di per sé, non salva. Ma la scrittura porta in sé così tanto mondo da far sì che possiamo considerarci ricchi.

Ci sono stati momenti in cui ho considerato certi personaggi della letteratura mondiale come – oserei dire – degli amici, e senz'altro come degli interlocutori. Sto parlando dei personaggi, non di chi li ha inventati o portati sulla carta. Ce ne sono alcuni che si prendono un posto dentro di noi, e quando sono lì non è facile prendere le distanze dalle loro avventure, dalla loro infelicità, dai loro sogni, persino dalla loro malvagità.

La giustizia della scrittura è quella amministrata dall'immaginazione, e coincide con la possibilità di avere a che fare con caratteri che nutrono la mia visione delle cose del mondo e dell'esistenza. Cosa farei senza Achille quando riceve il vecchio Priamo venuto a chiedere il corpo del figlio? O senza Anna Karenina in attesa del suo ultimo treno, sconfitta dalle sue illusioni? O senza Tom Joad alla guida del carro che lo deve portare in California? O senza Oliver Twist nelle mani del vecchio Fagin? Come farei senza interrogare Shahrazad quando comincia la notte?

Mi piacerebbe averli a cena. Discutere del loro destino. Loro possono darmi gli strumenti per intendere meglio le diverse fisionomie umane, l'identità di persone che mi sono amiche e che mi vivono accanto. Loro mi danno le misure, molto più esatte di quelle di uno psicologo. Ma soprattutto rendono possibile l'esistenza, tanti sono i caratteri, tanti sono i destini. Quando ci crediamo chiusi nella cella delle nostre ansietà, tutta quella folla mi promette futuro, ed è solo in ragione della sua vastità, una giusta strada per muovermi nell'incertezza delle cose umane, sino all'atto che chiude la nostra presenza sulla terra.

La morte è l'unica certezza di chi vive e io sono sempre stata convinta di poter comandare il mio corpo e la mia vita. Se dovessi affrontare una realtà difficile e dolorosa, credo che avrei la forza di morire; quel momento finora non è arrivato e spero che non arrivi mai. La forza mi viene senza alcun dubbio dalla famiglia di mia madre. Mamma, che era una vera santa – "vera" nel senso che non si rendeva conto di esserlo –, nella sua santità era molto decisa e dura con sé stessa, anche per l'influsso della governante svizzera che l'aveva allevata fino ai diciott'anni. È stata mia madre a inculcarmi il concetto del dovere e dell'altruismo, a insegnarmi a non vivere soltanto per me stessa e a guardare sempre oltre il mio perimetro, a preoccuparmi per gli altri.

Ho preso da lei il gusto per il lavoro ben fatto e la tenacia nel compiere il mio dovere (soprattutto quando è sgradevole o faticoso). Scrivere, oltre che una passione, è un dovere nei riguardi dei lettori.

24
Camilleri e il senso della giustizia

Mi sono sempre interrogata sul senso di giustizia del mio amico Andrea Camilleri.

Ancor prima di sondare la sua intelligenza del mondo e delle cose, mi piace prendere le mosse dalla sua fisicità. Io, come del resto tanta parte del suo pubblico, l'ho conosciuto come un uomo con tanta vita alle spalle. Ti si parava davanti con una forza alla quale era impossibile sottrarsi. Ma se lo sorprendevi seduto nel suo studio coglievi dietro la struttura massiccia, la postura severa, lo sguardo affaticato ma intenso, la maestà di un giudice vecchio stampo e meditabondo. Dico di più: di un giudice inglese, così come, per esempio, ce lo ha consegnato il cinema degli anni Quaranta con i tratti del grande Charles Laughton. Il suo eloquio era peraltro pacato e fluente, sintatticamente ineccepibile – ah, quelle secondarie che non temevano il dispiegarsi di congiuntivi fino alla chiusura del periodo!

Ma sì, c'era qualcosa dell'uomo di legge, come la tradizione figurativa lo vorrebbe. E ci si aspettava della generosità nelle sue sentenze, una comprensione larga e malinconica. La stessa che ha prestato al suo Montalbano quando gli ha dato vita.

In *La pazienza del ragno* c'è un pensiero che verrebbe

voglia di mandare a memoria e che suona così: "Era solo un omo che aviva un personale criterio di giudizio supra a ciò che era giusto e ciò che era sbagliato. E certe volte quello che lui pinsava giusto arrisultava sbagliato per la giustizia. E viceversa. Allura, era meglio essiri d'accordo con la giustizia, quella scritta supra i libri, o con la propria cuscenza?".

Così era e voleva essere Montalbano, così forse voleva essere Andrea, attraverso il suo personaggio.

Prima di conoscerlo di persona, c'era mia madre che mi dava sempre il suo ultimo libro: lei lo conosceva perché entrambi avevano frequentato il liceo Empedocle di Agrigento, prima che lui andasse a studiare all'Università di Roma, dove era stato ospitato dagli zii, impiegati dello Stato.

«Tieni» mi diceva mamma. «Leggilo, è bellissimo!» E mi lasciava sola con il libro di Montalbano.

Quando lo incontrai avevo letto molto di lui. Poi la Feltrinelli aveva suggerito di chiedergli di presentare il mio secondo romanzo, *La zia marchesa*. Era il settembre del 2004. Non conoscevo la famiglia Camilleri, ma per mia madre fu facile scoprire il suo numero di Porto Empedocle. «Chiamalo tu!» mi disse, e così feci.

Rispose sua moglie Rosetta, che subito me lo passò. Cercai di spiegargli chi fossi, ma lui mi interruppe: «La Feltrinelli mi ha già mandato il suo romanzo, e lo sto leggendo. Venga quando vuole, sarà benvenuta!».

Ci accordammo per una visita l'indomani pomeriggio a casa sua. Ero agitata, non mi aspettavo un invito così immediato e caloroso. Paolo, il nostro autista, conosceva bene il paese e mi diede un cestino di uva da offrire alla famiglia Camilleri. Io mi ero portata una copia della *Mennulara*.

Rosetta, sua moglie, venne a prendermi al portone e mi accompagnò al secondo piano, dove abitavano. Mi fece i complimenti e poi mi lasciò sola con il marito, nel suo studio, una grande stanza da cui, oltre i tetti di Porto Empedocle, si vedeva il mare.

Parlammo del più e del meno, di Londra e di Roma, di noi che avevamo lasciato la Sicilia appena raggiunta la maggiore età; Andrea prese le redini della conversazione, e disse serio, senza bisogno di specificare l'oggetto: «L'ho letto d'un fiato. Sarei felice di presentarlo, ma a Roma».

E così avvenne anche con i miei libri successivi: l'appuntamento a Roma per la prima presentazione era di rigore, nonostante la tarda età e i molti impegni di Andrea. Io ero diventata di casa, e dormivo da loro; allo stesso modo, le sue figlie e i suoi nipoti erano accolti a braccia aperte nella mia casa di Londra.

Andrea mi ha insegnato tanto, anche a prendere le misure al mio nuovo status di scrittrice matura. Con il passare del tempo la nostra amicizia si è cementata, e anche Rosetta è diventata una vera amica.

Da loro ho imparato a conoscere la "nostra" Sicilia, quella di Porto Empedocle e della provincia di Agrigento. Nella geografia d'invenzione di Andrea, quei nomi seducenti – Vigata, Montelusa – hanno appena velato i luoghi delle radici, l'affezione a forme, tagli prospettici, paesaggi che sono quelli della sua formazione. Tanti lettori hanno imparato a riconoscere la Sicilia attraverso i dettagli che ha saputo ogni volta mescolare e reinventare. A me diceva: «A te ti chiamano scrittora, io sono il papà di Montalbano». In realtà sapeva benissimo di che autorevolezza poteva andar fiero. Ha inventato una lingua, ha inventato un mondo, e, come dicevo all'inizio di questa breve rievocazione, ha inventato un personaggio che ha maturato, di storia in storia, di romanzo in romanzo, una figura morale, con uno spiccato senso della giustizia.

Capita che Montalbano senta una fortissima compassione per talune figure di criminali, soprattutto quando sono vittime della ragnatela sociale, della smania di arricchire o di dominare. Camilleri fa sì che il suo commissario si inventi una molto eccentrica pratica investigativa: il mistero non è mai abbastanza mistero, ma la mala azione è sempre un insetto che lascia tracce.

Ma non solo. Avendo conosciuto Andrea all'interno della sua famiglia non faccio fatica a ritrovare gli accenti di un'esistenza saporosa, che è certamente legata alla predilezione di Montalbano per i piatti della buona tradizione, ma che è anche l'amore per le donne, anzi per la donna: Livia di Boccadasse.

La cucina non manca mai e il commissario si avvicina al sapore con la stessa determinazione dell'investigatore, come in *Il ladro di merendine*: il professor Pintacuda disdegna il piatto di polpette, Montalbano non si sbilancia, ha colto che "il sciauro che dal piatto acchianava al suo naso era ricco e buono". Poi Pintacuda "masticò lentamente, socchiuse gli occhi, emise una specie di gemito. 'Se uno se la mangia in punto di morte, è contento macari di andare all'inferno'". E Montalbano? "Il commissario si mise in bocca mezza polpetta e con la lingua e con il palato principiò un'analisi scientifica [...]. Dunque pesce, e non c'era dubbio, cipolla, peperoncino, uovo sbattuto, sale, pepe, pangrattato." E così via. Cosa sono questi ingredienti via via individuati se non la variegata composizione che fa degli umani dei caratteri? E le ricette, lui lo sa, perfette non possono essere sempre.

Intorno ad Andrea si respirava – circondato com'era da un vasto universo femminile (Rosetta, tre figlie femmine) – una dolcissima predilezione per i gesti, i modi, gli sguardi, le intese, la lealtà che solo una donna sa dispiegare.

C'era tanta sapienza in quell'uomo, e io sono felice di averne sentito la ricchezza. Una ricchezza che è riuscita a conferire al suo personaggio più noto la bella contraddizione fra legge scritta e coscienza propria; anzi, come avrebbe scritto lui: "cuscenza".

25

Children's Law

Quando lasciai Crawley & de Reya e la City, mi specializzai in Children's Law. Il diritto dei minori era un nuovo aspetto del diritto di famiglia e c'era tanto da organizzare e da imparare in materia di divorzi, adozioni, violenze. Lo studio fondato insieme alla mia amica Marcia era specializzato in diritto di famiglia e fu il primo in tutta l'Inghilterra a dedicare un intero dipartimento al diritto dei minori.

Dividemmo il personale in squadre, pronte a ricevere il cliente e a mettersi in moto velocemente. Lavoravano, uomini e donne, con entusiasmo e serietà. Il cliente poteva telefonare a me o alla mia socia, al telefono di casa o a quello dello studio, in qualsiasi momento, di giorno e di notte, e noi lo avremmo ascoltato.

Dopo qualche anno, Marcia lasciò lo studio e raggiunse il marito che lavorava a Mosca. Cercai altri soci, uomini o donne: non mi piaceva il concetto di studio "femminile", caro a molte colleghe legate al movimento femminista, di cui pure facevo parte – preferivo basarmi solo ed esclusivamente sul merito.

Affidai a un giovane e abile avvocato la direzione del settore "violenza domestica". All'inizio ricevetti dai colleghi – maschi e femmine – critiche sarcastiche, acide, deluse... Nessuna veramente fondata. «Come! Arriva da te una donna maltrattata, violentata, e la metti nelle mani di un maschio?» Dicevano "maschio" con un disprezzo e una ripugnanza che a me sapevano tanto di ignoranza. «Sì» rispondevo tranquilla, «perché il mio collega è bravo ed è pronto a lavorare subito. Sa come comportarsi con le clienti vittime di violenza.»

Accoglievamo in studio giovani avvocati per un periodo di praticantato o di specializzazione; a quelli particolarmente abili e volenterosi proponevo l'assunzione: alcuni sono rimasti per anni, altri ricevevano offerte di lavoro più allettanti dal punto di vista economico e dopo un po' andavano via. Ma ci lasciavano a malincuore – erano sempre molto grati per gli insegnamenti ricevuti – e si sono creati carriere meravigliose, di cui sono fiera.

26

Una giustizia con la scimitarra

Il mio ultimo romanzo è un'altra storia siciliana: seguo la vita di un "bravo ragazzo", che smette di essere bravo per via di vicissitudini personali e famigliari, e in parallelo la vita dell'amico d'infanzia che ne condividerà la sorte.

È stato difficile scrivere *Era un bravo ragazzo*, perché il protagonista è un uomo e in genere mi sento più a mio agio con i personaggi femminili. Ma è stato anche bello, perché è ambientato in Sicilia e perché oltre che di politica parla di mafia e di corruzione... Oggi è più che mai importante scrivere e parlare di questi temi, senza fermarsi alla superficie dei fatti.

È facile fare la storia con i numeri (quanti morti, quanta violenza, quanta corruzione, quanto denaro ecc.), e lo si deve fare, ma i numeri non restituiscono la vita vissuta, semmai una testimonianza utile per studiare come si muove la società, come si sviluppa e come regredisce. Con la scrittura romanzesca si deve obbedire alla psicologia dei personaggi e conferendo loro coerenza e sfumature si può arrivare ai caratteri, alla sostanza morale delle figure che hanno ispirato la storia.

Rispetto ai numeri e alla sociologia è ben più decisivo

concentrarsi sulle singole vite, raccontare come hanno attraversato l'esistenza. Questo è il senso di scrivere storie.

Solitamente non leggo mentre sto scrivendo un libro, e se leggo rileggo. O sfoglio e risfoglio, sino a consumarli, i libri d'arte.

Il libro d'arte è un sostegno per la memoria, riaccende sensazioni e, se la riproduzione fotografica è buona, dilata la percezione del dettaglio, restituendomi al contempo le occasioni in cui ho visto (e a volte rivisto) l'opera là dove è esposta – che sia un museo, una galleria privata, una chiesa, un palazzo, non importa. Ci sono pittori ai quali, appena posso, rendo giustizia (quanta saggezza è contenuta in questa espressione che spesso mi capita di usare) con una visita, da sola o con amici.

Penso in particolare ai dipinti di Tiziano, uno dei miei pittori preferiti. Rivedere, rivisitare, fa parte della mia vita di italiana all'estero.

Pensando a Tiziano, mi torna in mente il ritratto maschile conosciuto come *Ritratto di Ariosto*, l'autore dell'*Orlando furioso*. Esposto alla National Gallery di Londra, è uno dei ritratti più sensuali del Rinascimento: per le labbra appena dischiuse tra baffi e barba, come se stesse assaporando qualcosa di meraviglioso; per la ricchezza dell'abito di raso imbottito da cui spunta una camiciola bianca, scollata sulla schiena, e attraverso cui si indovina il gomito appoggiato sulla balaustra di granito verde... Ma soprattutto per lo sguardo curioso e pensoso, fisso su chi guarda, pervaso da un'intensa sensualità che non facciamo fatica a collegare ai suoi mondi fantastici. È uno sguardo da intellettuale, mi suggerisce che c'è un'intesa fra noi, un'intesa che non è estranea alla forza e alla sensualità della sua poesia. Una sensualità non velata che più lo guardi, più emerge e si presenta per quello che è.

Tiziano, nato a Pieve di Cadore, era un uomo di montagna: eppure mi sembra che abbia saputo cogliere con smagliante intensità la personalità di Ariosto, nato a Ferrara, uomo di pianura.

La pioggia e l'umidità di Venezia non hanno saputo distruggere le pitture parietali del nuovo palazzo del Fondaco dei Tedeschi, edificato nel 1508 e decorato da Tiziano e Giorgione. A Tiziano fu commissionata un'allegoria della Giustizia secondo i canoni tradizionali, che in genere prevedevano l'immagine di una donna armata di scimitarra. L'artista concepisce una giustiziera che si offre a chi guarda in un sensuale abbandono, come se dopo la vittoria contro il nemico fosse pronta a darsi ai soldati, quelli che lei stessa ha salvato. Questa figura è identificata anche con Giuditta, che per l'appunto da giustiziera tagliò la testa a Oloferne: Vasari sostiene che quella testa sia ritratta sotto il piede sinistro, ma è solo la gamba che tuttora spicca al centro dell'immagine, nella parte bassa dell'affresco.

Tiziano mi ha insegnato che la giustizia è spesso compagna della sensualità, vista come conforto per coloro che in suo nome si sacrificano.

Un secolo dopo, a Palermo, la basilica di San Francesco d'Assisi fu abbellita da un ciclo di dieci statue raffiguranti le Virtù francescane, opera dello stuccatore palermitano Giacomo Serpotta: spicca tra di esse la Giustizia, splendida figura femminile con il braccio destro sollevato a brandire una scimitarra. Punta lo sguardo sulla lama con uno sguardo determinato e sereno, dettato da un sentimento forte, limpido. La statua esprime sensualità attraverso seni turgidi e fianchi ampi, gambe larghe e salde, ben piantate a terra, che si intuiscono dietro i panneggi ricchi e pesanti delle vesti.

Si tratta di una Giustizia divina e al contempo umana, che spicca ancora di più in quanto siamo all'interno di un tempio cristiano.

Quando entro nella chiesa di San Francesco mi sento trasportata in un altrove che in realtà più siciliano di così non potrebbe essere e che solo sul finire del secolo scorso è stato ampiamente rivalutato da storici dell'arte tedeschi e americani.

Le opere del Serpotta, in diverse chiese e in diversi oratori della Palermo vecchia, incarnano lo spirito di una Sicilia che sento profondamente mia, in cui bellezza, senso del dovere, castigo e perdono ispirano chiunque le guardi, indipendentemente dalla sua (eventuale) fede religiosa. La Palermo nuova, al contrario, è un agglomerato di edifici senz'anima.

Serpotta fu attivo anche in altri luoghi dell'isola: ad Alcamo, per esempio, nella chiesa dei Santi Cosma e Damiano, si trova un'altra splendida allegoria della Giustizia. È una figura altera e composta, decisamente più pudica delle sue consorelle palermitane: cumannera come molte siciliane che chiedono giustizia dopo aver tanto sofferto, stringe salda nella destra una spada, mentre nella sinistra tiene l'altro attributo classico della Giustizia – la bilancia a stadera. Il bronzo della bilancia e il bianco dello stucco creano un contrasto pittorico risolto nella grazia della figura. Certo, si tratta di un'allegoria, ma è pur vero che si staglia con la sua autorevolezza proprio in quanto donna.

Alcamo è il paese di Franca Viola. Dopo aver rifiutato pubblicamente il matrimonio riparatore con l'uomo che l'aveva stuprata (al tempo in cui lo stupro era reato contro la morale e non contro la persona), rifiutò di concedergli il perdono che gli avrebbe permesso di ottenere uno sconto di pena. Spada e bilancia, dignità e giustizia.

Dignità e giustizia ci spingono lungo una curva che attraversa la storia fino a un personaggio in bilico tra giustizia e vendetta: Edmond Dantès, protagonista del *Conte di Montecristo*. Il romanzo, scritto da Alexandre Dumas nel 1846, racconta le traversie di un giovane marinaio tradito dalla sorte e da funzionari governativi pronti a sfruttare i terremoti sociali che seguono la fine del regime napoleonico: dopo essere stato rinchiuso per quattordici anni nel castello d'If, una prigione in mezzo al mare, riesce finalmente a fuggire grazie anche al suo vicino di cella, l'abate Faria, che prima di morire gli rivela l'esistenza di un tesoro nascosto sull'isola. Libero e ricco, Edmond ha un unico pensiero: vendicarsi di chi gli ha portato via l'amore, la giovinezza, il futuro.

La complicazione dell'intreccio e gli sviluppi degli accadimenti, fra avventura e melodramma, sono al limite della verosimiglianza, eppure è difficile sottrarsi alla fascinazione del sentimento di vendetta che guida Edmond. Accade che lui stesso debba correggere la propria percezione degli avvenimenti, come quando ribatte che non è la vendetta a guidarlo bensì la giustizia. È una giustizia cieca, anche perché la caratterizzazione psicologica del personaggio è priva di sfumature e chiaroscuri, ma forse proprio per questo ha messo radici nell'immaginario di milioni di lettori. La vendetta travestita da giustizia, o, meglio ancora, la possibilità di raddrizzare il corso degli eventi a favore di chi ha sofferto ingiustamente è la forza segreta del romanzo: quando pensiamo al conte di

Montecristo pensiamo a un eroe, ma un eroe che sa bene di non poter riguadagnare il tempo e gli affetti perduti.

C'è una traccia vigorosa di quella stessa giustizia romantica già comparsa nel dramma di Friedrich Schiller, *I masnadieri*, e poi destinata a presentarsi in tanta parte del melodramma europeo – italiano e francese in particolare, anche grazie a Victor Hugo.

Ritorno alle letture che mi hanno formato, ma devo rivisitare anche oggetti e dipinti della mia casa londinese, che a differenza del mondo esterno, tutto britannico, di cui anch'io faccio parte, è siciliana e italiana. Insomma, ho due identità, ma non sono in conflitto, anzi. Mantenerle vive è importante, e adesso anche facile; il mio passato – un po' italiano, un po' americano e un po' zambiano – mi incuriosisce: ne sono affascinata e amo ricordarlo e ricostruirlo mentre vivo il mio presente inglese. Così adesso riesco a tenere saldo il filo della mia vita.

Io rileggo. Sono una appassionata rilettrice e mi tengo cari alcuni romanzi preferiti che stanno in camera mia e non nello studio. Anche in questo caso opero secondo un criterio di giustizia: obbedisco alla selezione che ho compiuto ed è come se rispettassi una sorta di lealtà etica e intellettuale – molto, inevitabilmente, soggettiva. Gli unici testi inglesi che non sono mai riuscita a rileggere nei miei primi anni di vita in Inghilterra e di assuefazione alla lingua sono le opere di Shakespeare, perché non avevo ancora confidenza con l'inglese del Seicento. Va da sé che adesso le amo moltissimo. E ci sarà un giorno in cui, leggendo Prospero, potrò "immaginare di ascoltarlo". Allora dirò a me stessa: "Finalmente hai capito cosa dice veramente!".

Visto a teatro o riletto in originale, il testo del *Mercante di Venezia* mi ha sempre ispirato considerazioni e pensieri relativi all'amministrazione della giustizia. Shylock vuole la promessa libbra di carne in nome della giustizia, ma per Shakespeare la vera giustizia si realizza attraverso Porzia e la sua visione della misericordia: "Non cede a forza la misericordia, come pioggia gentil cade dal cielo".

27

Essere una straniera

La nostra bambinaia ungherese, andata in sposa a un italiano, si sentiva orgogliosamente diversa da noi perché "straniera", e in un certo senso "superiore". Io non mi sono mai sentita straniera, perché ho sempre saputo di avere due identità, una siciliana e una italiana; e quando vivevo negli Stati Uniti e in Africa sono riuscita a integrarmi quasi subito con la gente del posto. Anche lì, essere "straniera" era una sensazione quasi sconosciuta.

All'inizio, i cittadini dei paesi in cui ho vissuto non mi trattavano come una di loro, ma poi le cose sono cambiate. Mi dicevano: «Non capita spesso di trattare uno straniero come se fosse uno di noi».

Dopo quasi sessant'anni di lontananza dalla mia patria sono diventata una cittadina del mondo e sono convinta che una giusta convivenza debba poter contare su una continua intesa trasversale, che non si lasci intossicare dall'opinione comune circa la provenienza, la cultura, la lingua.

Dovunque vada cerco di integrarmi, se possibile, e credo di riuscirvi. Nel 1978 facevo già parte di un gruppo di funzionari britannici appartenenti a un'organizzazione politica che partecipava a dei viaggi finalizzati a conoscere meglio il mondo. In quell'anno, andai con loro in Cina.

Prima di partire, leggendo e studiando avevo cercato di prepararmi un po' a questo viaggio in un paese di cui sapevo poco e niente. Inorridii quando la guida – inglese – cominciò a raccontarci le avventure sessuali di un'imperatrice con dei dettagli osceni. Feci una scenata: «Sono avvocato, ho pagato tanto denaro per venire fin qui. Non intendo ascoltare oltre queste porcherie». Lui, imperterrito, ribatté che era una guida competente e io *dovevo* seguirlo e ascoltarlo. «Allora chiamo subito l'agenzia di viaggi!» ribattei. A quel punto sbiancò e si affrettò a propormi un accordo: io avrei avuto la libertà di fare quello che volevo e non seguirlo sempre, «ma all'agenzia non dica niente». Io misi le cose in chiaro: «Non voglio ascoltarla né starle vicino durante i giri turistici e i pasti. Voglio viaggiare da sola, lontano da lei, tranne per i percorsi aerei e l'alloggio negli alberghi».

A Beijing c'erano pochissime automobili in mezzo a un mare di biciclette: un mondo inimmaginabile e incredibile. Con la mia guida cartacea, franco-cinese, riuscivo miracolosamente ad andare in giro e a comunicare con i cinesi. Non ho mai incontrato persone più intelligenti e cortesi: quando chiedevo aiuto mi prendevano la guida dalle mani, la sfogliavano veloci e trovavano subito la pagina in cui era descritto il luogo in cui ci trovavamo e di cui volevo conoscere la storia.

I cinesi sanno leggere e scrivere da tremila anni, quando i Sumeri non ci avevano ancora insegnato la scrittura. Una cosa è certa: le civiltà si sono evolute con tempi e modi diversi, per cui spesso incorriamo nella falsa percezione che ci siano civiltà superiori alle altre. La storia fa giustizia.

E passando dalla Cina al Giappone, rileggo spesso *La storia di Genji*, un romanzo semplicemente meraviglioso scritto nell'Undicesimo secolo da una donna, Murasaki Shikibu, che scoprii all'età di diciannove anni. Fu il mio professore di Arte orientale all'Università del Kansas, nel 1964, a consigliarmi di leggerlo: «Ti aprirà gli occhi sul Giappone». E non ho ancora smesso: è l'unico libro di cui abbia dovuto comprare una seconda copia perché la prima era consumata, le pagine si staccavano dalla rilegatura, tanto l'avevo maniato. E mi ha insegnato a vivere.

Genji era il figlio illegittimo preferito dell'imperatore della Cina; era amato e rispettato da tutti coloro che lavoravano nel palazzo e da chiunque avesse a che fare con lui. Non era ricco, ma faceva la sua vita: mogli, amanti, guerra, musica...

Genji si portava sempre il suo tatami sulle spalle: era il suo letto, e gli consentiva di dormire dovunque volesse. Se Genji era ospite di un amico, poteva capitargli di dire cose come: «Il sole sta tramontando e questo pero sta per fiorire; domattina il tuo giardino sarà impregnato di un profumo inebriante; posso dormire qui, per terra?». Ricevuto l'assenso, apriva il suo tatami e si stendeva accanto al pero, perché fosse la prima cosa che vedeva aprendo gli occhi.

Genji amava le donne mature e anche le bambine, che però non osava nemmeno accarezzare: le allontanava da sé e non le rivedeva fino a quando non avevano superato la pubertà ed erano pronte per l'amore carnale. Era un padre affettuoso, sempre disponibile per i numerosi e amatissimi figli, nati da donne diverse, ed era un uomo completo: cantava, danzava, faceva la guerra.

Consiglio a tutti di leggere *La storia di Genji*, ma non lo si può fare d'un fiato: richiede tempo. Murasaki Shikibu mi ha insegnato a capire il Giappone. Trovo commovente che un bambino illegittimo diventi un uomo potente e rispettato. Il padre lo accetta come figlio, e così fa anche l'imperatrice.

Si tratta di un mondo completamente "altro", che, confrontato con quello dell'aristocrazia europea, sembra perdersi in una distanza quasi onirica.

28

Nata con la giustizia in testa

Credo in quello che i buoni libri mi lasciano, ogni volta, come un'eredità invisibile: non un messaggio, proprio un lascito. Non quantificabile.

E naturalmente credo nella giustizia, da sempre: forse sono nata con la giustizia in testa. A casa nostra c'è sempre stato un senso di giustizia, sia nella mia famiglia d'origine sia quando mi sono sposata.

La giustizia è un elemento fondamentale della vita in comune.

Nemmeno un eremita può pensare di non avere più niente a che fare con la giustizia, perché anche nel suo eremo dev'essere giusto: per esempio, deve condividere la terra con gli insetti e i vermi, con le piante di cui si nutrono, con chi viene da lontano per conoscerlo e venerarlo. La giustizia è l'elemento fondante della vita sociale; senza giustizia, il mondo finirebbe.

Il patto sociale consiste nell'accettare le esigenze fondamentali dell'uomo e nel dare loro la precedenza, accettando per esempio il dovere di badare agli anziani, ai deboli, ai malati.

In alcune civiltà gli storpi e i vecchi venivano abbandonati e lasciati morire per restituire alla società un equilibrio inteso, purtroppo, come giustizia; quell'usanza rivelava al contrario incapacità di contemplare la diversità.

Credo che un profondo senso di giustizia sia dentro il cuore e la mente di tutti noi. Non si può vivere senza. Ma spesso non lo vediamo, e ci muoviamo come fossimo ciechi. Basta poco, in verità, per uscire da questo obnubilamento.

Giustizia è stringere una mano, giustizia è cedere il passo, e non soltanto a un anziano o a chi ha un problema fisico.

29
Credo nel diritto

Credo nel diritto. Non sono religiosa. Se mi chiedete qual è il mio dio, risponderei "la giustizia", perché ci permette di vivere bene nel mondo. Poi all'aldilà ci pensa Dio, se c'è.

"Giustizia" non è una parola che si usa in famiglia. In genere si dice: «Obbedisci a papà e mamma», non: "Obbedisci a papà e mamma perché quello che vogliono è giusto".

Giustizia, se non è detta a vanvera, è una parola pesante, che spesso non ci piace e che evitiamo senza rendercene conto.

Io ho sempre insegnato la giustizia ai miei figli, e gli altri famigliari mi prendevano in giro. L'ho insegnata ai miei nipoti, sin da piccoli. Con i nipoti è stato molto bello, si sono sempre sentiti liberi di dirmi tutto quello che volevano. Sono quattro e spesso vengono a trovarmi tutti insieme. Tra di noi c'è un senso di libertà difficile da spiegare.

Di fronte a una piccola ingiustizia – anche piccolissima – c'è sempre uno dei quattro che mi riprende: «Nonna, non sei giusta!». Io chiedo subito scusa e cerco di riparare.

La giustizia si dimentica facilmente e perciò dev'essere ricordata e costantemente ricercata.

Nel mondo non è mai esistito un unico codice di giustizia e di comportamento: bisogna considerare e rispettare le regole di giustizia degli altri, ma anche avere il coraggio di provare a correggerle, se sono intollerabilmente ingiuste.

Spesso, questi contrasti tra diverse concezioni di giustizia emergono alla luce di differenti credo religiosi o di differenti linee politiche. In queste situazioni non bisogna essere autoritari, ma è doveroso dare consigli: "Avrebbe potuto non castigare così pesantemente quell'uomo"; oppure "Costringerlo a obbedire è stato eccessivo".

Le pene troppo severe non servono: lo scopo dovrebbe essere far riflettere chi ha sbagliato senza togliergli la dignità. E bisogna aiutare gli altri, diffondendo l'idea che – a qualunque latitudine – senza giustizia non è possibile vivere una vita sociale.

30

I minori e la giustizia. Il castigo. La pena

In un rapporto che contempli l'educazione, la costruzione di un carattere, che cosa significa "giustizia"? Dire a un bambino: "Bravo, hai fatto bene" o chiedergli: "Pensi di aver fatto bene?"?

Dire: "Hai sbagliato" non basta. Bisognerebbe aiutarlo a rendersi conto di come e perché ha sbagliato.

Serve quindi una riflessione e poi, se opportuno, un castigo. Il bambino deve ragionarci da solo per arrivare a una conclusione da condividere con famigliari e amici: la ricerca della giustizia è difficile e tutti dovrebbero partecipare. Vale anche per le ingiustizie che si ritiene di aver subìto.

Per esempio, è facile dire "è giusto dare a tutti e nella stessa quantità", ma in determinati momenti qualcuno può avere più bisogno degli altri e dunque dovrebbe ricevere di più. A volte può essere giusto dimenticare, lasciar agire senza intervenire: anche quella è giustizia. È anche bene che chi ha causato guai e dispiaceri ne soffra, ma per un periodo limitato.

La giustizia non è automatica. Implica valutare, riflettere, comprendere, e soprattutto non fare scelte affrettate:

di fronte a un torto subìto, meglio dormirci sopra e decidere l'indomani come reagire. E se perdonare.

Il perdono, cugino della giustizia, deve aspettare: la giustizia ha bisogno di tempo per manifestarsi. Ciò non toglie che, come ho più volte ribadito, una volta considerati gli aspetti fondamentali di una diatriba, nelle aule dei tribunali bisogna procedere velocemente e arrivare presto a una sentenza.

31
Non siamo perfetti

In quanto avvocato di famiglia, mi occupavo spesso di divorzi. In ogni divorzio, ognuno ritiene che un'ingiustizia commessa dall'altro abbia fatto finire il matrimonio che sarebbe dovuto durare per tutta la vita: è raro che qualcuno si assuma le proprie responsabilità.

Bisogna analizzare le ingiustizie subite e considerare l'effetto che hanno sugli altri e su noi stessi: soltanto allora si può decidere come reagire. Per esempio, un'ingiustizia che non causa danno a nessuno non è davvero un'ingiustizia: il genitore abbiente che fa un grosso regalo a un estraneo non lede i diritti dei figli. Il povero che fa un regalo a un estraneo e poi non ha il denaro per farlo ai figli commette un'ingiustizia.

A volte le ingiustizie non sono notate da chi le subisce, ma non sempre sono tali.

Se uno zio lascia dei soldi in eredità ai nipoti in parti diseguali, chi ha avuto meno raramente viene a saperlo, e comunque lo zio – a differenza di un genitore – non ha il dovere di essere equo. Se un padre avesse fatto lo stesso, avrebbe commesso un'ingiustizia; a meno che non avesse favorito un figlio più bisognoso.

Se un membro della famiglia commette un'ingiustizia è giusto farglielo notare o bisogna stare zitti? Non esiste una risposta valida in tutte le circostanze, mentre fuori dalla famiglia i nostri diritti sono sempre tutelati dallo Stato.

32
Il razzismo, il classismo

L'aggettivo "sociale" ha tanti significati. Tutto è sociale: la scuola, il lavoro, la vita stessa.

Ci sono lavori malpagati e altri strapagati. Mi sono sempre chiesta perché in Italia gli stipendi degli insegnanti – che crescono i cittadini del futuro – siano così bassi e quelli dei nostri rappresentanti politici siano invece così alti.

Ci è capitato di pensare che l'equità della retribuzione corrispondesse a quella messa in atto dalla Russia sovietica. In verità, anche la dittatura stalinista ha conservato privilegi e discriminazioni e, soprattutto, il sistema sociale attuato ben poco rifletteva le intuizioni del comunismo storico. In URSS gli equilibri sociali sono stati mantenuti con la forza e quando la storia li ha definitivamente consumati non è un caso che le macerie sovietiche abbiano lasciato emergere oligarchi e tiranni. Contro di loro non c'è ancora stata una rivoluzione. La giustizia sociale, in cui anch'io credevo quando ero giovane e frequentavo i partiti di sinistra – forse sbagliando –, in Russia non c'è più, perché la Russia è diventata un paese classista, oltre che violento: non sapremo mai fino a che punto, perché tiene tutto nascosto tranne il suo stesso classismo.

Giustizia, per me, è che ogni bambino nasca con la possibilità – e non solo con la speranza – di una vita luminosa. Deve poter apprendere e studiare ciò che desidera e che lo appassiona, per poi trovare un lavoro che, oltre a renderlo indipendente, lo appaghi. Dev'essere libero di scegliere.

Bisogna continuamente riconsiderare ciò che è reputato giusto e sufficiente, perché a un certo punto potrebbe non esserlo più. Dobbiamo avere la curiosità di cercare una nuova giustizia, di coltivare il rispetto e di perseguire una nuova severità.

La ricerca della giustizia è in costante movimento perché deve adattarsi alla velocità con cui cambia il mondo, per merito – o semplicemente a causa – dello sviluppo tecnologico.

È vero che noi, come esseri umani, siamo sempre gli stessi, ma in questo nuovo mondo digitale siamo autodidatti: ci confrontiamo con la tecnologia, con il futuro, e non con i nostri genitori e il patrimonio culturale del passato.

Ci sono cose che non conosciamo, che non sappiamo più gestire. Oggi vedo bambini piccoli che passano la vita da soli in silenzio, con in mano il telefono o l'iPad dei genitori. Ho la sensazione che ci sia qualcosa di sbagliato: forse solo perché sono nata nel 1945? Non credo.

33
La povertà e la ricchezza

Quando ero a Cambridge per studiare l'inglese, conobbi un signore molto malato. «I miei genitori avevano voluto un solo figlio per lasciarmi ricco» mi raccontò. «Ero subissato di attenzioni. Tutti volevano accontentarmi e rendermi felice. I miei genitori e i miei nonni bisticciavano per decidere chi tra loro avrebbe comprato il giocattolo che mi piaceva di più. Alla fine, decisi di non esprimere alcun desiderio. Per questo possiedo poco e ho sempre preferito la compagnia dei coetanei a quella della famiglia.»

Prima di allora non avevo mai riflettuto sugli inconvenienti di una condizione che ad alcuni potrebbe apparire invidiabile. Ma non ho mai desiderato essere ricca e ho allevato i miei figli in modo forse eccessivamente spartano.

Il bambino che appartiene a una famiglia senza mezzi spera di poter un giorno ricevere quello che desidera. Il bambino ricco a volte non ha nemmeno il coraggio di esprimere un desiderio, nel timore di alterare l'equilibrio famigliare.

Per motivi diversi, gli estremi non sono mai desiderabili. Partiamo dall'auspicio che la ricchezza sia resa "fertile" dalla beneficenza: sarebbe bello se chi guadagna molto sentisse il desiderio di destinare parte dei suoi guadagni alle associazioni che si prendono cura dei deboli, dei poveri, dei malati, che tutelano l'ambiente e il patrimonio artistico del loro paese. Ammiro i ricchi benefattori: in Inghilterra ce ne sono tanti, in Italia non so.

In Inghilterra, al giorno d'oggi, i poveri non muoiono di fame: ricevono aiuti dallo Stato e dalle associazioni di beneficenza. Al di là della forbice sociale, che comunque esiste e a volte è scandalosamente evidente (basta percorrere le grandi vie del centro o entrare nelle stazioni ferroviarie, frequentare gli istituti di carità, per misurare l'incremento dei senzatetto), è venuto accentuandosi il fenomeno dello sbriciolamento delle comunità. Si stenta a riconoscere all'interno di ciascun ceto quella sorta di intesa (di linguaggio, di frequentazioni, di luoghi condivisi) che ha contribuito alla forte identificazione del mosaico sociale. Basti pensare a certa filmografia inglese contemporanea (soprattutto a registi come Mike Leigh e Ken Loach) per avere un'idea del processo di dispersione della lower middle class.

Per quanto i pub siano sempre molto frequentati, è impallidita, anche lì, quella dimensione aggregativa per cui sono sempre stati, perfino folcloristicamente, caratteristici.

Non voglio demonizzare internet, ma mi sembra che insieme a tanti benefici abbia prodotto un guasto immenso, legando l'individuo a sé stesso anziché alla società. Un fenomeno che mi sembra diffuso soprattutto fra i giovani, spesso bravissimi a interagire virtualmente ma in grave difficoltà quando si trovano alle prese con il mondo reale.

34
Sir Richard Branson

Sir Richard Branson nasce a Londra nel 1950, figlio di un avvocato e di una ballerina, poi hostess e infine imprenditrice. Il nonno paterno, Sir George Branson, è stato giudice dell'Alta Corte di giustizia e discendeva da una famiglia stabilitasi in India nel 1793.

Branson studia con poco successo in una scuola privata, è dislessico e soffre di un disturbo da deficit di attenzione: per gli insegnanti è semplicemente un ragazzino svogliato e incapace che non potrà mai accedere all'università. Il preside, intravedendo in lui qualcosa di diverso, di speciale, che non sa bene come classificare, prevede per lui un futuro da galeotto o da milionario.

Storicamente, la Gran Bretagna ha sempre incoraggiato gli imprenditori spregiudicati. In questo, negli ultimi tre secoli, è stata decisamente leader, ed è stata di esempio per gli Stati Uniti.

Avventuroso, ateo e controcorrente, Branson è un tipico esemplare della gioventù londinese degli anni Sessanta. Nel 1966 fonda una rivista musicale, "Student", uno strepitoso successo che nel giro di tre anni gli frutta cinquantamila sterline. Inizia così la sua carriera nel mondo della musica: nel 1971 apre un negozio di dischi e nel 1972 fonda la sua casa discografica, la Virgin Records, che ben presto mette sotto contratto artisti giovani e controversi come i Sex Pistols e altri celeberrimi come i Rolling Stones e Peter Gabriel. Comincia a inanellare successi.

Con un entusiasmo travolgente, a metà degli anni Ottanta Branson passa al mondo dei trasporti, dei viaggi e del turismo, con Virgin Cargo, Virgin Atlantic e Virgin Holidays: le sue attività commerciali si espandono in tutto il Commonwealth e negli Stati Uniti. Arrivano poi i voli turistici nello spazio, con Virgin Galactic.

Oggi, Richard Branson è uno degli uomini più ricchi del mondo. Possiede anche una catena di alberghi e una di cliniche private (Virgin Hotels e Virgin Healthcare), ma non dimentica i problemi del pianeta: lancia di continuo progetti di beneficenza nel campo della sanità e della pace e, particolarmente sensibile al tema del riscaldamento globale, già dal 2006 finanzia con generosità la ricerca di combustibili che non danneggino l'ambiente; nel 2007 ha istituito la Virgin Earth Challenge, che incoraggia la tecnologia per il bene dell'umanità – all'autore del progetto vincente, venticinque milioni di dollari.

Questo imprenditore visionario sembra animato da una vitalità inesauribile.

35
La rettitudine

"Rettitudine" è una parola desueta che non è facile riempire di significato. Si tratta in buona sostanza di un comportamento giudizioso, orientato verso l'equità; e anche "equità" è un concetto complesso, non meno desueto.

Il suo contrario, "iniquità", non si usa quasi mai, perché l'idea che la gente possa essere iniqua suona eccessiva.

Dare a tutti lo stesso non è sempre giusto. A volte bisogna togliere a uno per dare di più a chi ne ha bisogno. È bene dare "a ciascuno il suo", che è anche il titolo di un romanzo di Leonardo Sciascia.

Quello di cui abbiamo bisogno sempre sono l'affetto e l'amicizia, che è importantissima, più dell'amore: l'unico amore indispensabile è quello dei genitori, perché aiuta a crescere. Il figlio amato è un adulto maturo, pronto ad amare a sua volta, capace di reagire quando l'amore finisce. Perché dall'amore può scaturire la fedeltà, ma l'amore può anche finire.

Oggi, l'amicizia e tanti altri rapporti umani sono minacciati da internet, che pure è formidabile per riallacciare o mantenere rapporti con chi è lontano. A volte può essere un'esperienza dissociativa e, in un certo senso, disumanizzante.

La fedeltà come viene intesa dal mercato, vale a dire come costanza del consumatore (non parlo della fedeltà coniugale, né di quella dell'amicizia), carica di valenze affettive un rapporto commerciale. Se ne parla poco, ma la tecnologia sa "leggere" la nostra fedeltà, e anche indurla: si entra nel mondo degli algoritmi.

36
Fuorilegge

Fuorilegge in Sicilia ne conosciamo tanti: fuorilegge erano le persone che scappavano quando la polizia voleva un incontro per informazioni, ma più spesso per arrestarli.

Di che cosa erano colpevoli?

Di contrabbando, di furti, di malefatte contro la legge.

Pur essendo un fenomeno assai antico, quello del banditismo è soprattutto legato alla storia italiana postunitaria, o almeno dalla seconda metà dell'Ottocento fino agli anni Cinquanta del Novecento. Dalla Toscana fino a tutta la Sicilia, la figura del brigante o del bandito contiene in sé i tratti del giustiziere – spesso passato alla leggenda come difensore dei poveri contro lo sfruttamento delle campagne, contro la polizia pontificia, contro i gendarmi dei Savoia, contro i governatori locali. Le gesta dei briganti hanno creato un repertorio di ballate popolari, di poesie e di storie, scritte e orali.

Una delle figure leggendarie è Stefano Pelloni, il Passatore, "passator cortese", secondo i versi di Giovanni Pascoli, "re della strada, re della foresta", che abbiamo studiato tutti alle scuole elementari ("Romagna solatia, dolce paese"). L'azione criminosa e il riscatto sociale vanno di pari passo, in lui come in molti altri briganti, e la sua figura – gli schizzi lo ritraggono con cappellaccio, fazzoletto al collo, giacca da cacciatore – troneggia nella tradizione popolare; tanto che, una volta ucciso nel capanno in cui si era rifugiato, il suo cadavere viene caricato su un carro che passa per i borghi a memento della giustizia fatta. Ed è emblematico che, proprio attraverso l'immagine di quel carro, emergano due visioni della giustizia: quella voluta dalle istituzioni e quella incarnata dal ribelle, che trova fondamento nelle leggi non scritte dell'umanità.

Altre figure epocali sono quelle di Domenico Tiburzi, Federico Bobini detto Gnicche, il Barbanera, l'Orcino, lo stravagante David Biscardini, Vincenzo Pastorini detto Ceciarello, Giuseppe Basili detto Basiletto, Enrico Stoppa noto come Rigetto o re di Talamone. C'è tutta la Toscana, ci sono le foreste, le paludi, le Crete Senesi, i monti dell'Amiata, c'è tutta quella geografia che consente l'apparire e lo scomparire, e che consente una continuità di protezione anche fra la gente dei borghi.

I giornali sono pieni delle loro imprese, la loro immagine, prima disegnata poi fotografata, entra nelle cronache e fa sì che la stampa diventi lo schedario pubblico della malavita. Il peso che hanno progressivamente assunto i contrasti sociali e le forme più organizzate di conflitto affievoliscono via via la leggenda e impoveriscono la lotta impropria per la giustizia che comunque i briganti hanno rappresentato. Restano tuttavia scene, gesta, frasi lapidarie passate nella comunicazione popolare, come quel "Bravo, hai sparato bene!" che il Gnicche disse alla guardia che nel 1871 mise fine alla sua esistenza.

Legata all'Alto Lazio è la figura veramente mitica di Domenico Tiburzi, di cui si è tramandata la dichiarazione: "Io, Domenico Tiburzi, difendo la giustizia anche contro la legge". Così di fatto fece sino al 1896, quando a Capalbio, nella notte fra il 23 e il 24 ottobre, si sparò per non farsi catturare, ferito, dai carabinieri. Ne cantano il destino tante canzoni come quella in cui si dice: "Chiuse l'uscio la notte era scura / e riprese il suo vecchio cammino / seguitando l'antica avventura / che gli aveva assegnato il destino. / Girò a lungo tra campi e poderi / tra montagne vallate e colline, / ma in un regno di mille sentieri / c'è anche quello che porta alla fine".

Il banditismo siciliano, alimentato dal proletariato rurale nei primi decenni del Novecento, torna dopo lo sbarco degli alleati nel luglio del 1943: la banda di Salvatore Giuliano, la banda Labruzzo-Cassarà, la banda di Rosario Avila e di Salvatore Rizzo.

Quella di Salvatore Giuliano ebbe il sostegno del separatismo siciliano dell'EVIS e, come è noto, finì per essere compromessa con il potere mafioso. Ne racconta l'avventura umana nel film eponimo Francesco Rosi.

C'è una ricca varietà d'accenti in tutte queste storie, e tutte finiscono con il raccontare l'epica di chi si pone al di fuori della legge.

In verità fuorilegge oggi sono anche deputati o uomini ricchi, importanti, personaggi politici processati e a volte condannati alla detenzione.

Tanti sono scampati ed è vergognoso: i nomi li conosciamo.

Il fuorilegge classico, leggendario, non accetta la norma dello Stato e crea una sua vita e una sua banda; gli altri si limitano ad agire dentro la scena della deliberata ingiustizia, travestita da norma.

In questo capitolo ho preso le mosse dalla Sicilia e alla Sicilia ritorno perché tuttora, quando percorro le strade montane della mia isola, non posso non sentire l'eredità della stagione più popolata di uomini votati alla clandestinità.

Nella Sicilia postunitaria, le bande di fuorilegge si erano moltiplicate non perché non volessero l'Italia unita ma perché i Savoia, scacciando i Borbone, non erano riusciti a provvedere ai bisogni del popolo.

Così facendo, purtroppo, hanno lasciato crescere la nuova classe di mafiosi che si radicò velocemente nelle province di Trapani, Palermo e Agrigento, promuovendo un altro senso di giustizia: quello imposto dai mafiosi nei paesi e nei territori controllati.

37
L'obbedienza

Rettitudine è un concetto più lato di quello di equità. L'ideale sarebbe che nell'essere umano questi due valori coesistessero, perché si completano a vicenda. Essere troppo ligi e severi, confondere la rettitudine con la rigidità dei princìpi morali, a volte rischia di causare delle ingiustizie.

Ci vuole allora il contributo dell'equità, che è più soffice, più malleabile, più adatta alla realtà che cambia costantemente.

Nella mia esperienza, raramente ho riscontrato questa coesistenza di valori. Nella famiglia, equità e rettitudine erano incarnate dalle figure femminili (portatrici di un'equa conduzione della vita quotidiana) e da quelle maschili orientate a garantire la gestione del patrimonio famigliare.

Come dice don Milani, l'obbedienza non è mai stata una virtù. Obbedienza significa calare la testa per necessità, per convenienza o perché non sai che altro fare. L'obbedienza è essenziale soltanto negli eserciti, è sostanzialmente militare, dunque bellica, dunque ingiusta.

D'altro canto, si dice spesso che i bambini piccoli devono obbedire. Se un bambino di due anni esce con la mamma e la mamma gli dice di fermarsi, lui deve obbedire. È comunque importante spiegare le ragioni di un ordine, perché i bambini non crescano ribelli ma, al contrario, ragionevoli e curiosi.

Obbedire significa piegarsi alla volontà dell'altro. Obbedire, in certe situazioni, è un'ingiustizia. È importante insegnare ai bambini che disobbedire e spiegare il motivo della disobbedienza è un'abilità che si acquista crescendo.

Ho detto in queste pagine di considerarmi una donna fair, anche e soprattutto in famiglia. Sono stata anche una donna autoritaria, e appunto per questo ho lasciato che il mio essere giusta si manifestasse proprio quando ero più autoritaria. Ai miei figli potevo dire: «Si fa così perché mamma è giusta», ma loro potevano sempre replicare: «Mamma, hai sbagliato», oppure: «Perché ieri mi hai detto sì e oggi mi dici no?».

Tutte le virtù necessitano di essere costantemente verificate, rivedute, osservate, criticate. Nulla è immobile o immutabile, quando si parla di sentimenti e di azioni.

Di certo, ogni persona che dipende da noi merita che il nostro giudizio sia equo e retto.

38
Il diritto, ancora

Certe parole, come certi princìpi, non possono esistere da sole. Parlare soltanto di "diritti" non significa niente: i diritti, va da sé, presuppongono dei doveri.

Da un punto di vista teorico, diritto e dovere sono i mattoni della giustizia: e infatti sono compresi in un sistema normativo, in un codice.

La rivendicazione di un diritto deve avere sempre un fondamento, altrimenti si cade in una pericolosa banalizzazione. Il diritto alla vita del singolo è indiscutibile, ma deve coesistere con il diritto alla vita degli altri: questo implica il dovere di rispettare la vita altrui e di non causarle danno.

Sembra di ribadire concetti sin troppo noti, ma è così.

Da un punto di vista morale l'affermazione "È un mio diritto" andrebbe ogni volta analizzata e valutata alla luce di cosa entra e cosa non entra in quella rivendicazione di giustizia.

Dove porta, in seno a una famiglia, il diritto di un padre, il diritto di una madre? Molto spesso si finisce per incorrere in un uso "garantito" della forza, contrapposto alle vere premesse di un processo educativo.

39

Che cos'è la giurisprudenza

La giurisprudenza è la scienza del diritto. Tecnicamente, indica l'interpretazione che i giudici danno delle norme dello Stato. I giudici aiutano a chiarire diritti e doveri, nella consapevolezza – come si diceva prima – che gli uni non possono esistere senza gli altri. Il loro lavoro, soprattutto quello dei giudici della Corte di Cassazione, è immenso: riempiono di significato parole scritte dal legislatore, e così facendo ci insegnano a convivere con gli altri, a limitarci, a capire – per esempio – che nei periodi di difficoltà bisogna condividere di più e meglio.

Giurisprudenza e diritto sono parole che non si dovrebbero usare come alternative: il diritto è la norma, il testo scritto, mentre poi, in tribunale, il giudice interpreta la norma e la applica al caso concreto tenendo conto delle sue particolarità. Alla fine, impartisce giustizia secondo il diritto, e così secondo le norme.

40

Guerre e religione

Non sono credente, anche se rispetto tutte le fedi, e ho imparato a diffidare della definizione troppo generica "guerra di religione", anche se di fatto ben sappiamo come, in nome di Dio, siano divampati conflitti spaventosi.

Comprendo il bisogno dell'uomo di credere in un'entità superiore, e magari in un dio che lo protegge. Io purtroppo non ci credo, però se ci fosse sarei contenta. Ma le religioni spesso creano strutture gerarchiche con un capo, e questo per me non è accettabile. Può senz'altro esserci un gruppo di funzionari che reggono la struttura, con un capo che viene eletto e che ha un mandato limitato nel tempo. Però il concetto del Dalai Lama, del papa o dell'arcivescovo di Canterbury a me sembra malsano.

41

Il diritto di morire

Non mi piace che una mosca si posi sul cibo che sto mangiando e preferisco ucciderla, poi mangio tranquilla: mi dispiace ammetterlo, ma uccido esseri viventi non pericolosi, come le mosche, solo perché mi danno fastidio. Allo stesso modo, quando vivevo nello Zambia, facevo uccidere i serpenti non velenosi solo perché non volevo trovarmeli intorno. Quindi, comincio con un mea culpa.

Passiamo dagli insetti agli umani. Nel contesto della giustizia ci sono tante persone che hanno ucciso o hanno fatto soffrire, o addirittura torturato, tanta gente, sapendolo e godendone. Tanti, troppi uomini stuprano moglie e figli. In Inghilterra abbiamo tantissime di queste vittime, che non potranno mai dimenticare. Crimini inaccettabili, odiosi, perché la fiducia viene tradita.

Verrebbe voglia di dire: "Certa gente non ha il diritto di vivere". Come è evidente, è difficilissimo stabilire dove si manifestino la civiltà e l'inciviltà. Siamo preda dell'errore. Continuamente.

Come individuo, ho il diritto di togliermi la vita. Non ho dubbi, non ne ho mai avuti: della mia vita decido io e devo potervi mettere fine se lo considero necessario. Me lo dicevo anche da piccola: "Se voglio morire, sono libera di farlo". Oggi penso che questo diritto riguardi solo chi non ha una famiglia. Chi ce l'ha, ha anche una serie di doveri nei confronti del coniuge, dei figli, dei nipoti, di eventuali genitori più o meno anziani. È una considerazione forte, me ne rendo conto, ma una vita di solidarietà domestica merita di essere vissuta – per quanto faticoso possa essere. Non possiamo dimenticare le nostre responsabilità, anche se siamo infelici.

Sembra un paradosso, ma mi conforta pensare al diritto di porre fine alla propria vita, perché ancora una volta, anche in quell'eventualità, devo mettere in atto un estremo senso della giustizia. Ma su questo torneremo nell'ultimo capitolo.

42
Si può morire di propria volontà senza ammazzarsi

Sono convinta che mia madre abbia voluto morire per non vedere mio figlio in sedia a rotelle. Non ne abbiamo mai parlato, ma credo che per lei il dolore sarebbe stato troppo grande. Certo, era molto anziana, ma conoscendola posso facilmente immaginare che abbia pensato: "Adesso me ne vado". È come se fosse morta di crepacuore.

Non so abbastanza della morte "assistita", quella che si consuma nelle *Schmerzkliniken* svizzere, le cliniche del dolore. Ma parto da un'altra premessa: che morire sia un diritto, come ho già detto.

Mi è capitato di sentire figli di genitori non più autosufficienti o leggermente "svaniti" che auspicano la morte del padre o della madre. Non voglio pensare che sia per insofferenza o per avidità, spesso anzi viene detto con amore, eppure rimango sempre perplessa.

Con la demenza il discorso è più complesso: io ho un inizio di Alzheimer, ma voglio continuare a vivere. Fino a che punto non lo so, ma voglio continuare a vivere.

43

L'eredità

Al di là dei doveri legati al mantenimento dei figli, che in Italia e nel Regno Unito sono regolati rispettivamente dal diritto di famiglia e dal Child Arrangements Order, esistono comunque dei doveri morali, che possono cambiare secondo la sensibilità di ciascun genitore. In ogni caso, i giovani dovrebbero essere liberi di vivere la loro vita come desiderano, e di sbagliare "in proprio". Per questo è giusto che i genitori li aiutino, ma non troppo.

Ho notato che molti giovani italiani, figli e nipoti di parenti e amici, tendono a dare per scontate troppe cose. Hanno la quasi certezza che i genitori li aiuteranno a comprare casa, o addirittura che gliela regaleranno, e che non smetteranno di elargire doni in denaro. Mi fa paura ascoltarli. In Inghilterra, a diciott'anni il figlio è considerato un adulto indipendente e non ha diritto ai beni patrimoniali dei genitori né di essere mantenuto: deve farsi da sé. La famiglia inglese, da quella dell'operaio a quella del Lord, non dà più niente al figlio adulto. Può mantenerlo agli studi, e spesso lo fa, ma tecnicamente non è suo dovere.

E in materia di lasciti ereditari, per me la legittima prevista dalla legge italiana non ha senso. Dirò di più: è deleteria. Posso *voler* lasciare a mio figlio qualcosa, o persino tutto, anche se ha raggiunto l'indipendenza economica: ma non dovrei essere *obbligata* a farlo. A meno che mio figlio non sia malato.

Insomma, preferisco il sistema britannico.

44
Sentirsi vittima di un'ingiustizia

Tutti abbiamo subìto qualche ingiustizia, piccola o grande.

Sin dall'infanzia ero molto sensibile alle ingiustizie commesse dalla bambinaia, da mio padre o da altri. Mia madre non ne commetteva: l'ho già detto, era una vera santa. Una volta mi disse: «Sono pronta a morire».

«Mamma!»

«Sì, ormai ho novantadue anni... Però non muoio, perché non vorrei darvi tanto dolore.»

«Mamma, tu pensa a te. Se vuoi morire, muori.»

«No, no, se morissi adesso vi addolorerei troppo.»

Bello questo atto di mia madre, che non moriva di sua volontà per amore nostro.

Ingiustizie in famiglia non ne ho avute. I rapporti con mia sorella sono sempre stati buoni ed equi. Altrettanto quelli con mio marito: e quando ci siamo separati è bastato mettere in pratica il nostro patto prematrimoniale – mai scritto e mai dimenticato. Non ci fu bisogno di avvocati.

Credo profondamente nella giustizia; fa parte della mia vita quotidiana, anche se non sempre me ne accorgo. E se mia sorella e io parliamo di dividerci i beni comuni ereditati lo facciamo in modo chiaro, semplice ed equo.

45
Evitare l'ingiustizia

Come si fa a evitare di subire un'ingiustizia?

Nella vita di ogni giorno, se vai in collegio, se pratichi uno sport di squadra, se hai famiglia, se metti su un'attività di qualunque tipo con un socio, se... se... se... Appena c'è qualcosa "in comune" bisogna pensare in termini di giustizia, perché come esseri umani siamo simili ma il contributo degli altri non è mai lo stesso e a volte non ce ne accorgiamo.

Me ne sono accorta nella gestione di uno studio legale quando la retribuzione degli avvocati e dei giovani praticanti pone severi criteri di valutazione: un avvocato ha un'intensa vita sociale e, pur avendo meno cause degli altri, conosce potenziali clienti che spesso diventano nuovi clienti dello studio. Ciò non toglie che praticanti e impiegati siano fortemente impegnati, e quindi potenzialmente meritevoli di un trattamento adeguato.

Allo stesso modo, se un socio porta un cliente che poi non seguirà di persona perché si riterrà più opportuno affidarlo a un altro avvocato più esperto nella materia oggetto della causa... bisogna tenerne conto.

Insomma, la divisione dei ricavi dev'essere equa. Se qualcuno ha lavorato più degli altri potrebbe chiedere una fetta più grossa.

Tutte le relazioni sociali necessitano di un equilibrio che non è dato una volta per tutte e che si può ottenere solo se, prima di fare qualcosa insieme, si considerano tutte le possibilità.

46
Quattro polpette

Nel 1967, poco prima di sposarci, mio marito e io stilammo un patto prematrimoniale. Discutemmo per tre giorni interi, fu molto divertente:

«Che succede se mi innamoro di un altro?»

«E se uno di noi due vuole andare all'estero?»

«Come sceglieremo la nuova casa?»

Insomma, considerammo tutte le possibili situazioni personali e di lavoro di un inglese e una siciliana. Su alcuni punti eravamo rigidi: «Avrai la casa piena di siciliani, perché verranno sempre» lo misi in guardia. E lui: «Basta che nessuno di loro entri nel mio studio». I miei parenti e amici dormivano perfino nell'ingresso, ma lo studio di mio marito era e rimase sempre off limits – patto mantenuto.

Credo nella possibilità di creare una vita a venire basata sulla giustizia. Mi chiedo però quanti siano pronti a comprendere appieno la parola "giustizia". Quanti poi ricordano cosa è stato stabilito? Quanti sono desiderosi di metterlo in pratica e di rispettarlo sempre? Bisogna essere maturi, responsabili e leali.

Come avrete notato, torno più che spesso nel mio ambito famigliare. È lì che ho imparato, ed è da lì che arrivano, più facili, gli episodi utili per spiegare la giustizia.

Come molti bambini, ho imparato la giustizia a tavola, nella divisione del cibo. Io mangiavo con mia sorella Chiara e con Giuliana, la bambinaia: se erano rimaste quattro polpette si dividevano, due Chiara e due io; ma se ce n'erano soltanto tre Giuliana decideva chi avrebbe avuto la seconda e si rifiutava di tagliarla a metà, come sarebbe stato più semplice: tra sorelle che mangiano insieme ogni giorno, a volte bisogna fare qualche sacrificio. Così diceva, voleva allenarci alla generosità e all'altruismo.

Con i miei figli parlavo poco di giustizia: era parte integrante del nostro rapporto e non c'era bisogno di spiegarla. Mi soffermavo di più su temi quali l'obbedienza e il rispetto per gli altri. Cercavo di spiegare loro il motivo per cui non ero a casa durante i giorni feriali: dicevo che lavoravo per contribuire alle spese della famiglia. Al mio ritorno, la sera, dopo una giornata di lavoro nello studio legale Middleton Potts, Giorgio mi correva incontro: «Mamma, mamma! Quanti nuovi clienti abbiamo avuto oggi?».

Ne ho parlato con molti colleghi, uomini e donne. Ho avuto l'impressione che noi madri tendessimo a ossessionare i figli con racconti del nostro lavoro, forse perché ci sentivamo in colpa per non essere sempre a casa con loro o forse perché siamo naturalmente più portate a condividere e a parlare. Ma a me sembrava giusto che Giorgio e Nicola sapessero cosa facevo lontano da casa e perché passavo poco tempo con loro.

Mio marito non parlava mai del suo lavoro, però faceva con i ragazzi lunghe passeggiate in cui parlavano soprattutto di sport.

47

L'avvocato e la giustizia

Si ha bisogno dell'avvocato non meno che del medico.

L'avvocato parla per conto del cliente, al giudice e all'avvocato della controparte. A lui spetta l'arduo compito di cercare un accordo tra le parti, per evitare – o almeno ritardare – il processo: il punto è che l'accordo transattivo, pur soddisfacendo le parti perché consente di risparmiare tempo e denaro, non è quasi mai equo e non dà piena soddisfazione morale a nessuno.

Ho sempre voluto fare l'avvocato e non sono mai stata tentata di fare il giudice. In Inghilterra non esiste la carriera giudiziaria come in Italia: i giudici dell'Alta Corte, per esempio, vengono scelti tra gli avvocati. La maggior parte della giustizia è impartita da normali cittadini, i famosi justices of the peace: i giudici di pace spesso sono donne, sposate a mariti facoltosi, e intraprendono questa carriera quando i figli sono grandi e indipendenti; ma tra loro ci sono anche medici, ingegneri, sindacalisti, attori... In principio ero molto scettica sul sistema dei giudici di pace, ma ho avuto modo di constatare che è equo, veloce e agile.

Sotto molti aspetti la giustizia è teatrale, pubblica; è giusto che sia così, per essere vista da tutti. La giustizia "in segreto" è una forma di inquisizione.

48
Greta, un'icona della giustizia

Greta Thunberg era una bambina e adesso è cresciuta, è diventata una giovane donna a cui dobbiamo tanto... ma non tutto. Ha l'ardore e l'audacia di una moderna Giovanna d'Arco, e il mondo ha bisogno di personaggi come loro, pronti a dare la vita per un ideale: Giovanna d'Arco voleva giustizia per il suo popolo e combatteva per liberare la Francia dagli inglesi, Greta vuole giustizia per l'ambiente e per la Terra.

Ma le parole non bastano, anche quando sono importanti. Alle parole devono seguire i fatti e si deve pensare alla vera giustizia, quella pragmatica. È inutile dire: «Fermiamo il riscaldamento globale» o «Cambiamo il mondo». Bisogna prima chiedersi: "Si può fare? Chi può farlo? Come? Quanto ci costa?". Anche in questo caso, è molto difficile avere una giustizia veloce e che abbia tenuto conto di tutti gli elementi: ma siccome è impellente fare qualcosa per la Terra, e bisogna farlo bene (altrimenti si peggiora la situazione), si dovrebbe trovare il modo di coinvolgere tutte le nazioni. Mi riferisco soprattutto alle nazioni che sono le principali responsabili e che sacrificano la salute del pianeta in nome del profitto: non soltanto le grandi potenze come Stati Uniti, Russia e Cina, ma anche paesi come Brasile, India, Bangladesh, che pur essendo più poveri inquinano altrettanto.

Servirebbe insomma un accordo che, per proteggere l'ambiente, imponesse dei livelli minimi di salubrità, da mantenere e, se possibile, alzare gradualmente. Altrimenti non otterremo mai niente. Il riscaldamento globale è una questione che ci riguarda come esseri umani e richiede, ormai reclama a gran voce, il coinvolgimento di tutte le nazioni: nessuno può sottrarsi alle proprie responsabilità.

49

Il riscaldamento globale è un'ingiustizia

Il riscaldamento globale è senza dubbio effetto di un'ingiustizia, ma anche della prepotenza e dell'ignoranza.

Sarebbe sbagliato addossare tutta la colpa al mondo occidentale, perché si tratta di una colpa condivisa, a partire dalle piccole cose: la mia sensazione, per esempio, è che oggi si sprechino molta più acqua e più luce che in passato, che si tenda a buttare prima ancora di chiedersi se si può riparare, che si compri più del necessario ecc.

Una maggiore consapevolezza dei nostri comportamenti e una limitazione dei consumi, anche se non ci viene imposta dal Governo, è il primo contributo che possiamo portare.

Più grave, molto più grave, è quando un capo di Stato come Donald Trump ritiene corretto disfarsi delle conquiste ottenute e invertire il processo di consapevolezza che è parte dell'educazione del cittadino. La difesa delle risorse è ormai prioritaria, e tanto più deve esserlo per chi è alla guida di una nazione.

50
Il rispetto per i morti

Nella tragedia di Sofocle, Antigone sfida il potere e sacrifica la vita per dare al corpo del fratello Polinice la sepoltura che il re di Tebe gli nega per motivi politici; diventa così un simbolo dell'emancipazione femminile e della libertà di coscienza.

Io, che sono nata mille e cinquecento anni dopo di lei, continuo a credere che celebrare la mancanza di qualcuno abbia un valore enorme sia sul fronte affettivo sia su quello sociale. È un gesto che si deve vedere, che non può essere consumato in segreto, e questa necessità lo trasforma in un atto politico.

Antigone per me è una "devota fuorilegge", come peraltro lei stessa si definisce.

Pur di onorare le spoglie del fratello Polinice infrange le leggi della *polis* di Tebe: nel suo sistema di valori, il rispetto per i morti è la cosa più importante.

Bisogna tornare al passato, e soprattutto alle grandi opere dell'antichità, per ravvisare con enorme chiarezza quanto il tema della giustizia sia vivo e cruciale.

Creonte e Antigone rappresentano lo scontro fra legge divina e legge umana. Il re rimprovera la nipote di aver infranto le sue norme e lei è pronta a rispondere: "Quest'ordine non l'ha gridato Zeus, a me; né fu Diritto, che divide con gli dèi l'abisso, ordinatore di norme come quelle, per il mondo". Non può arrendersi all'attualità delle leggi umane, Antigone pensa a regole che non sono vive da un'ora, da un giorno prima. Sono regole che "hanno vita misteriosamente eterna. Nessuno sa radice della loro luce. E in nome d'esse non volevo colpe, io, nel tribunale degli dèi, intimidita da ragioni umane". Il "tribunale degli dèi" è il luogo in cui resiste una forma di giustizia che i codici, diciamo così, della modernità laica non possono correggere... Ecco, io la vedo la giovane Antigone, promessa sposa al figlio del re che la condanna, farsi avanti intrepida, folle, in nome di una giustizia che gli uomini di un mondo che cambia faticano ad accettare. Antigone, "sorella di eroi, sorella eroica", come dice Goethe, agisce con il cuore e per il cuore, ma sa di essere colpevole di fronte al potere della città. Viene da lontano e va ancora più lontano. Accende lo scontro fra la sfera del focolare femminile e quella del forum maschile, come suggerisce George Steiner nel suo bellissimo studio *Le Antigoni*.

A me piace pensarla assetata di giustizia davanti al corpo di Polinice, trascinarne il cadavere nella polvere, sfidare il divieto, compiere l'atto più sacro che una donna possa compiere e disporsi a morire per il crimine che quell'atto sacro comporta.

Va da sé, la grandezza di Sofocle sta nel complicare il conflitto, giacché esso viene letto non solo attraverso la maledizione contro i figli di Edipo (e non va dimenticato che nell'*Edipo a Colono* Antigone compare nell'atto pietoso di accompagnare nell'esilio il padre cieco), ma anche attraverso la meravigliosa riflessione affidata al coro nel primo stasimo sulla grandezza dell'ingegno umano, dell'uomo domatore della natura: "Lume della mente, mani artefici / senza limiti: ecco l'uomo". Per quanto possa scivolare nel vizio e nell'ingiustizia l'uomo è mirabile, e soltanto sapendo contrastare la propria arroganza può diventare "colonna dello Stato".

Quante fascinose contraddizioni nella visione dell'umanità in questa tragedia dove batte un cuore di donna.

51

La barbara Medea

Trovo la storia di Medea, assassina dei suoi stessi figli, difficilissima da leggere e soprattutto da accettare.

Medea uccide per amore, ma uccide anche perché non può accettare regole che la umiliano, che la vogliono bandire dalla città di Corinto. Giasone ha strappato Medea alla barbara Colchide e quando si rende conto che solo il matrimonio con Glauce, figlia del re di Corinto, può assicurargli il potere sulla città decide di allontanare Medea. E la maga ordisce un piano feroce: offrire a Glauce un dono di nozze che la uccide e sopprimere i propri figli, onde togliere al marito fedifrago la discendenza. La forza che Euripide attribuisce al personaggio è quella, modernissima, dei suoi conflitti interiori: può davvero uccidere le proprie creature? L'amore di madre può essere contraddetto da quello di moglie tradita? Medea ha in sé una forza devastante che va al di là dei sentimenti accesi dal tradimento. In realtà Medea vuole giustizia, vuole una giustizia che ha i colori forti del mondo orientale dal quale viene, e al quale si ispira per consumare il suo crimine.

Non è un caso che il personaggio di Medea non abbia mai smesso di nutrire l'immaginazione degli scrittori, nell'antichità (Seneca e Ovidio) e nel Novecento (Pierre Corneille, Jean Anouilh, Christa Wolf), senza contare le trasposizioni per l'opera lirica (Cherubini) e per il cinema. Celebre il film che girò Pasolini con Maria Callas che era stata interprete nella *Medea* di Cherubini.

Ed è sorprendente la vicinanza che, complice la Callas, si sente fra Norma e Medea. Anche Norma, tradita da Pollione, medita l'uccisione dei figli, ma poi cambia drammaticamente proposito. Anche in lei vibra una ricerca appassionata di giustizia che contrasta con l'apparente civiltà portata dagli invasori romani.

C'è qualcosa, peraltro, che connette la figura di Medea con certa femminilità siciliana, con la furia segreta di certe donne, con un'immagine che racchiude, nei suoi tratti e nelle sue malie, quell'Oriente che ha segnato la Sicilia.

A fronte della tragedia di Medea, la mia immaginazione non può non correre a una consuetudine egualmente barbarica che ho conosciuto con orrore nella mia terra.

In Sicilia, quando una coppia aveva una figliolanza numerosa, composta soprattutto da femmine, prima di un nuovo parto la levatrice chiedeva alla madre incinta e al padre: «Se è femminedda che facìmo?». Una domanda tristissima, il cui macabro sottinteso è facilmente intuibile.

La neonata sarebbe stata portata alla morte, avvolta in panni bagnati sino all'ipotermia letale o lasciata dissanguare dal cordone ombelicale reciso. In entrambi i casi è facile immaginare le madri che cullavano quegli esserini sino alla morte. Fu prassi in uso fino a poco dopo la Seconda guerra mondiale, una morte probabilmente indolore ma comunque straziante.

Quando vado a visitare le tombe di famiglia, inclusa la

mia, leggo sui loculi i nomi di tante bambine morte appena nate. Sono sempre le sorelle di altri tre, quattro, cinque fratelli: non volute, strappate alla vita in quanto femmine. Nel caso dei miei parenti, lo scopo era mantenere integro il patrimonio di famiglia e custodirlo per i maschi; per la povera gente era una scelta dettata dalla povertà.

Ne ho parlato nei miei ultimi romanzi: l'impressione che ne avevo avuto era stata troppo forte. Nessuno in verità si poneva il quesito se fosse una pratica giusta oppure no. Si faceva, e basta.

52
Nelson Mandela

Ho letto e riletto l'autobiografia di Nelson Mandela, *Lungo cammino verso la libertà*, e mi commuovo solo a pensarci. Parte della straordinarietà di Mandela risiede nella sua lealtà e nella sua capacità di perdonare: è sempre stato fedele alla sua nazione e al suo popolo, ha sofferto in prigione e ha scritto in modo meraviglioso.

Quando nel 1966 mi trasferii nello Zambia con mio marito, Mandela era in prigione. Insieme a nostri amici, seguivamo le sue vicende con sgomento.

La giustizia si fonda su un principio inaccettabile per il razzismo, cioè l'eguaglianza: non importa il sesso, non importa il colore, non importa il paese di provenienza... Siamo tutti esseri umani. Non importa neanche la religione, purché accetti di sottostare alle leggi dello Stato civile.

Scrive Mandela: "Una persona che viaggia attraverso il nostro paese si ferma in un villaggio, e qui non ha bisogno di chiedere cibo o acqua. Appena arrivata la gente le offre il cibo, la intrattiene. Questo è solo un lato di Ubuntu, ma Ubuntu ha anche altri aspetti. Ubuntu non significa che le persone non debbano dedicarsi a sé stesse. La questione piuttosto è: vuoi farlo per aiutare la comunità che ti circonda a migliorare?". Ubuntu è una sorta di sentimento, di etica diffusa nell'Africa subsahariana. C'è qualcosa di evangelico in questa "umanità attraverso gli altri" (espressione che traduce approssimativamente la parola che Mandela cita dal patrimonio della sua formazione). Non si tratta di mera bontà, bensì di una visione del mondo che non distingue fra io e altro da me, e che legge in termini di piena giustizia la trasformazione progressiva degli individui in comunità. Non ha a che fare con le leggi, ma è di fatto legge in sé.

53
Il privilegio di chi viene da fuori

I siciliani hanno subìto tante ingiustizie: da parte di altri siciliani, dagli italiani e forse dal mondo. Negli ultimi duemilaquattrocento anni – di quanto è accaduto prima si sa poco – siamo stati invasi e dominati da gente che veniva da sud, da est, da ovest, dallo Stretto. Queste dominazioni le abbiamo accettate tutte, e anche quando ci siamo ribellati – pensate ai Vespri siciliani – alla fine abbiamo trovato il modo di adattarci.

Mia madre passava i pomeriggi a ricamare. Quando finiva una tovaglia di cui era particolarmente soddisfatta, dopo aver appoggiato ago e filo la allontanava da sé e la osservava compiaciuta: «Bene! Questa la usiamo quando viene a pranzo gente di fuori».

«Ma perché dobbiamo aspettare "gente di fuori"?» protestavo io. «Perché non possiamo usarla noi?»

Per tutta risposta, scuoteva la testa.

Finché una volta, al suo ennesimo rifiuto, la feci sentire in colpa dicendole che evidentemente noi non contavamo abbastanza per lei. Non disse niente, ma la domenica successiva mangiammo sulla bella tovaglia ricamata.

Vorrei spiegare meglio il significato, per noi siciliani, dell'espressione "gente di fuori". Non significa "delle città limitrofe", significa "gente che vive oltre lo Stretto": è quello il *fuori*. Non mi davo pace del fatto che mamma attribuisse più importanza a loro che a noi.

Questo senso di inferiorità e oppressione emerge in tante situazioni: lo noto anche in molti ragazzi siciliani che sono andati a studiare e a lavorare "fuori", anche a Londra. A volte mi dico che tutti noi che ce ne siamo andati avremmo fatto meglio a restare, per cercare di migliorare la nostra città e il nostro paese. Ma troppo spesso siamo convinti di non valere, di non essere abbastanza bravi e affidabili. Non abbiamo fiducia in noi stessi, purtroppo. E siamo abituati a pensare che "Cu nesci arrinesci": per riuscire bisogna andarsene.

54

L'Africa muore

"Quello che succede in Africa..."

L'Africa è troppo grande per dire "in Africa": l'Africa del Nord è diversissima da quella del Centro e del Sud, eppure i migranti sembrano non conoscere confini. Vengono da molti paesi del continente, paesi che hanno subìto l'influsso dell'Asia, dell'Europa, delle Americhe. L'Africa ha dato sangue e forza lavoro senza ricevere nulla in cambio. E qui bisognerebbe fare la storia delle conseguenze di una condotta feroce e dissennata che ha lasciato tracce dovunque nel mondo. Una condotta malsana che è venuta continuamente trasformandosi e che non è finita con il colonialismo.

Complice anche il disastro climatico, l'Africa sta conoscendo una deriva apocalittica che noi conosciamo per ora con il solo e povero termine "emigrazione". Chi emigra non si limita a lasciare dei luoghi: lascia terre dove non si può più vivere. È a partire da qui che il termine "globale" può finalmente essere ricco di senso e contenere veramente e in una volta sola la Terra intera. È inevitabile ma difficilissimo. Non è un caso che in luogo di questo atteggiamento si professi la politica della chiusura delle frontiere: questo, per esempio, il risultato delle disastrose elezioni del febbraio 2025 in Germania.

L'emigrante ti arriva cresciuto e vaccinato, desideroso di costruirsi una nuova vita. Il vaccino forse non c'è, però non aver dovuto pagare per allevare fino a diciassette-diciotto anni qualcuno che arriva da noi pronto a lavorare dovremmo considerarlo un regalo. Invece no. E non gli diciamo: "Puoi frequentare un corso di italiano, ti insegneremo la nostra cultura", no; gli diciamo: «Cosa vuoi da noi?».

Gli immigrati sono una formidabile ricchezza umana per l'Occidente, dove è in corso un calo demografico. E poi l'immissione di sangue nuovo è sempre positiva. Farebbe bene soprattutto a noi siciliani, che tendiamo a sposarci tra parenti. Io stessa sono figlia di due cugini di secondo grado, mio cugino Silvano di due cugini primi. Per fortuna godiamo tutti di buona salute, ma questa pratica non è sana e si continua a fare. Io scaminai, feci diversamente e sposai un inglese.

La Sicilia è sempre stata aperta nei confronti degli stranieri, ci è abituata: siamo curiosi, vogliamo conoscere gente diversa, e poi possiamo sentirci migliori o peggiori... Dipende.

Siamo anche pieni di contrasti, dunque anche noi abbiamo paura del diverso: sentimento che entro certi limiti è sano.

Quando mi fidanzai con Martin ero in Inghilterra e per prima cosa chiamai i miei genitori. Stranamente rispose papà, così gli annunciai subito la bella notizia: «Mi sono fidanzata con Martin... Sì, quel ragazzo che è venuto in Sicilia quest'estate». Silenzio. Poi papà disse: «Stai ferma, non fare niente». Capii a cosa si riferiva con quel "niente", ma non mi diede tempo di ribattere. «Adesso vengo, ti metto in una valigia e ti riporto a casa» concluse.

Ma quando si furono ripresi dallo shock i miei genitori accettarono la mia scelta, e Martin fu subito benvoluto da tutti.

Io non ebbi la stessa fortuna. Quando Martin chiamò i suoi per annunciare il nostro fidanzamento si sentì domandare: «Are you sure to be sure?», "Sei sicuro di essere sicuro?". Al "sì" di Martin si limitarono a fissare la data in cui sarei andata a Londra per conoscerli.

Mio suocero mi amava. Mia suocera mi odiava.

Martin invece era adorato da tutta la mia famiglia e continuò a esserlo anche dopo il divorzio, quando cominciò a portare a Mosè la sua seconda moglie. Su richiesta di mia madre, Anne venne presentata a contadini, parenti e amici come "l'infermiera di Martin".

Credo che nessuno abbia mai saputo chi era davvero.

55
Dio e la giustizia

Vorrei fare una premessa, dinanzi al dilagare delle guerre nel mondo, guerre che, mentre scrivo, non ci toccano direttamente: comunque, la macchina militare si è rimessa in moto, così come la politica degli armamenti. Sento che il mondo è peggiorato, molto. La mia generazione è stata abituata a credere nella giustizia e io, come tutti gli altri, pensavo di sapere cosa fosse (in primis l'abolizione della pena di morte, che in Inghilterra risale al 1998), e soprattutto che avessimo cominciato un percorso che ci avrebbe portato verso la pace. Non era così. Monta l'odio fra seguaci di religioni che un tempo convivevano. Siamo dentro un mondo che deve cambiare e ottenere giustizia, fratellanza e pace. C'è chi ancora si rivolge al proprio dio proprio per questo motivo. Ahimè, i due millenni del cristianesimo non lo dimostrano.

Ho conosciuto tanta gente che ha un dio diverso da quello cristiano e condivide la mia fede nella giustizia e nella fratellanza. È raro che in uno Stato la giustizia funzioni perfettamente. Ho sempre voluto pensare con orrore all'atto di uccidere una persona, anche se è colpevole, anche se ha commesso dei reati orribili; insomma, anche se è un essere spregevole. È giusto che paghi per i suoi errori, ma la pena dovrebbe essere strumento di rieducazione e di cambiamento, non di punizione. Nella vita c'è sempre tempo, se opportunamente guidati, per redimersi. E c'è sempre speranza.

La realtà, però, è che dalla prigione spesso si esce tali e quali a quando si era entrati, a volte persino peggiori. E le probabilità di tornare a delinquere sono altissime. L'ho sperimentato nel corso della mia carriera di avvocato: ho avuto clienti che sono stati in prigione per avere abusato dei figli e, una volta fuori, era evidente che avrebbero ricominciato da capo, senza alcun sincero pentimento. Il mio dovere di avvocato era non arrivare al processo legale e di ottenere tramite la mediazione quello che volevano i clienti. Ci riuscivo perché era – per l'appunto – il mio dovere, ma a fatica. Ricordo che una volta, dopo aver vinto la causa per un cliente pedofilo, gli dissi: «Guai a te se tocchi di nuovo 'sta bambina». Si terrorizzò tanto che – mi fu detto – divenne un padre esemplare. Non ci giurerei.

È difficile ottenere giustizia in tutte le situazioni. Ricordo un altro cliente al quale avrei vietato di risiedere con la sua nuova famiglia nella stessa zona in cui stavano i figli di una precedente unione; e gli avrei vietato anche i diritti di visita. Purtroppo, quella volta ero l'avvocato e non il giudice.

56
Gay, lesbiche e transessuali

Alcuni di noi non si riconoscono nel genere che è stato assegnato loro alla nascita e desiderano cambiarlo.

È un fenomeno piuttosto recente (soltanto da poco tempo la scienza può dare una risposta a questo desiderio), che ha ampia risonanza sui media ed è molto sentito.

Mentre l'omosessualità esisteva anche quando ero bambina, il cambio di genere e la transessualità erano argomenti sconosciuti, e anche se per caso qualcuno aveva sentito dire qualcosa al riguardo non ne parlava. Conoscevamo l'omosessualità perché in quasi tutte le famiglie numerose – per una questione statistica – c'era una donna mascolina o un uomo effeminato.

Da noi c'era un ragazzino che amava i lavori di ago e che avrebbe desiderato imparare a ricamare. Era molto delicato, di aspetto e di modi. Tutti noi lo rispettavamo e non facevamo particolare caso ai suoi atteggiamenti: «Gli piace essere così» diceva mamma. E questo chiudeva l'argomento. Nessuno si sarebbe mai sognato di prenderlo in giro.

Al contrario, le ragazzine mascoline erano tenute d'occhio dalla famiglia. Molte venivano mandate in collegio o, in tempi più antichi, in monastero. A quanto ne so, venivano accettate dalle monache senza alcun turbamento: se avessero varcato i limiti avrebbero dovuto dirlo in confessione e il sacerdote sarebbe intervenuto.

Dalle ragazze della mia generazione, quelle nate alla fine della Seconda guerra mondiale, ci si aspettava che sapessero mandare avanti la casa e che non lavorassero: a loro avrebbe provveduto il marito. Ai ragazzi omosessuali ci si affannava a trovare una moglie il prima possibile e la famiglia li costringeva, se necessario anche con la violenza, a copulare.

Adesso dovremmo sapere che ci sono tante forme di un'unica sostanza: l'amore. A volte si ama qualcuno che appartiene al proprio sesso, altre volte qualcuno che appartiene al sesso opposto.

57

La memoria della morte

A casa mia si parlava spesso dei morti – di quelli amati, come nonna Maria, madre di mia madre, che morì quando avevo appena un anno. Mamma la descriveva come una donna colta, coraggiosa e generosa, adorata da parenti e amici, ma anche dal personale di servizio: nel 1908, giovanissima sposa, aveva voluto che tutti coloro che lavoravano in casa – sia il personale fisso sia quello "a giornata" come la sarta, gli operai e gli artigiani – mangiassero a mezzogiorno lo stesso cibo servito alla famiglia. Un'anomalia, nella società siciliana di allora.

Nonna Maria era una presenza costante nella conversazione quotidiana delle figlie, zia Teresa e mia madre; quando le sorelle cucinavano insieme nel primo pomeriggio, mentre il personale riposava, capitava spesso di sentirle scambiarsi frasi del tipo: «A mamà il sale piaceva assai... Aggiungine un pizzico in più!»; oppure: «Facciamo la torta con le noci, mamà ne era golosa!» diceva una, e l'altra annuiva sorridendo.

Mamma raccontava che nonna Maria non sapeva stare con le mani in mano: dopo pranzo, anziché andare a riposare, si sdraiava sulla chaise-longue dello spogliatoio adiacente alla camera da letto, dove ad attenderla c'erano sempre un libro e un cestino con i lavori di cucito – una veletta scucita, un orlo da riprendere, un bottone da riattaccare – e il ricamo, il suo lavoro d'ago preferito.

Seguendo il suo esempio, mamma aveva voluto in camera da letto una poltroncina accanto a cui teneva il cestino da lavoro, colmo di rocchetti di filo e matassine colorate. Io mi sedevo accanto a lei e ascoltavo affascinata il dolce chiacchierio intermittente a cui si lasciava andare mentre ricamava. Mi raccontava con passione dei colori preferiti della nonna: azzurro, viola e giallo oro; poi, si dilungava sui punti che eseguiva più volentieri: il punto erba e il punto pieno, che era anche il suo preferito.

Quando completava una foglia o un petalo, carezzava delicatamente il ricamo e poi mi guardava soddisfatta: «Eccolo, il punto pieno di mamà!». Le si riempivano sempre gli occhi di lagrime quando pensava a lei. Allora ricominciava a far andare l'ago, silenziosa, e quando si era ripresa sussurrava, come se fosse sola, dimentica della mia presenza: «Il punto pieno di mamà...».

Per mamma e per noi figlie non c'era morto più "vivo" e meglio "conosciuto" di nonna Maria. Non si trattava di patetica nostalgia, ma di un ricordo vibrante. La sua "presenza da assente" era costante e sapevamo tutto di lei attraverso i racconti di mamma e di zia Teresa: come la nonna si comportava in famiglia e con gli ospiti, quanto aveva amato i suoi figli e i nipoti nati prima di noi. Le sorelle Giudice continuavano a sentirsi a loro agio nel parlare di lei: era come se nonna Maria potesse comparire all'improvviso in fondo a un corridoio, davanti a una porta aperta o fra le ombre gentili del giardino.

Mamma mi ricordava spesso che, se mi fossi comportata bene, dopo la morte avrei vissuto nel ricordo dei miei cari; altrimenti, pian piano mi avrebbero dimenticata. In fondo, mamma mi faceva pensare che avrei dovuto essere giusta anche manovrando gli elementi della mia memoria. Il pensiero della morte era parte della vita, non mi dava angoscia e mi faceva sentire umana.

Papà mi rimproverava spesso, particolarmente a tavola, perché non mi comportavo "da signorina": «Non toccare la frutta! Siediti composta! Metti la mano sul tavolo!». E poi finiva con il consueto: «Quando non ci sarò più farai come vuoi, ma non ora!».

Mamma teneva nel cestino di lavoro scatole di bottoni recuperati qua e là, e mi raccomandava sempre: «Ricordati di non buttarli, possono sempre servire. Anche quando non ci sarò più!».

Alla morte dei miei genitori e persino alla mia pensavo con naturalezza, era qualcosa che sarebbe avvenuto – nessuna certezza era più salda – e che avrei accettato. E dunque a ogni influenza, a ogni malessere, verso i cinque anni cominciai a dettare a mamma, e poi a scrivere da sola, testamenti con cui distribuivo i miei giocattoli ai cugini favoriti, diseredando quelli con cui bisticciavo.

La prima morte "vicina" fu quella del mio nonno paterno, a Palermo. Avevo undici anni e durante l'agonia andava a casa sua ogni pomeriggio. C'era un viavai di parenti, amici e impiegati del nonno. Appena uscivano, ancora sulle scale, i visitatori non lesinavano commenti che erano perlopiù, anzi quasi sempre, giudizi.

Scoprii che la durata del lutto dipendeva dal grado di parentela con il defunto, e che aveva tempi diversi a seconda di dove si viveva. Nei paesi dell'interno e in campagna il lutto a vita era il destino della vedova, che mai e poi mai si sarebbe risposata; in città la vedova portava il lutto stretto per cinque anni e poi si vestiva di bianco e nero (il cosiddetto "mezzo lutto") per altri due.

Per la morte di un figlio adulto, il lutto dei genitori era perpetuo: come zia Orsolina, sorella del mio nonno paterno, dolce e bellissima, la cui unica figlia morì ventenne.

Alla morte di un genitore i figli portavano il lutto stretto per tre anni e il mezzo lutto per altri due. Il nero delle femmine era rigorosamente dalla testa ai piedi, mentre i maschi indossavano una cravatta nera sulla camicia bianca e una fascia nera al braccio.

Noi, che abitavamo in città, potevamo comportarci da "moderni"; non coprivamo specchi, lampadari e finestre di veli neri, come i parenti provinciali, ma in compenso chiamavamo le prefiche: donne abbigliate come monache, pagate per piangere accanto alla salma del defunto conzata nel catafalco al centro del salotto – da bambina ero incantata dai loro lamenti.

Osservavo le parenti vestite a lutto "personalizzato": le giovani portavano i tacchi a spillo con le calze velate nere, le sposine non rinunciavano agli orecchini di perle vistose, la neofidanzata sfoggiava il brillante all'anulare.

Intanto, golosissima, mi ingozzavo dei dolci e delle arancine del "consòlo" mandato dalle prozie (la famiglia del defunto non cucina nei primi giorni di lutto, dunque sono i parenti che la rifocillano), e ascoltavo i commenti.

Il lutto è certamente un saluto.

Si celebra una dipartita, e nel contempo si fissano i criteri per dare continuità nel ricordo a chi non c'è più.

Il pianto, le chiacchiere, le memorie, le lodi (e magari anche i primi timidi commenti velenosi), la messa in sequenza di episodi, gli avvenimenti condivisi da alcuni e da altri conosciuti lì per la prima volta contribuiscono a togliere il morto dall'incorporeità del fantasma per farlo entrare nel ruolo di un personaggio, che da quel giorno comincerà a essere ricordato e protetto.

Il giorno dei Morti, il 2 novembre, mi piaceva andare al cimitero con i miei genitori. I cimiteri, per la verità, erano tre: quello di Canicattì, dove riposava – così si diceva – nonna Maria; quello di Agrigento, dove – nella cappella della zia Graziella Giudice in Costanzo – era "ospite" il nonno materno Gaspare Giudice: non aveva voluto essere seppellito a Favara, il paese di cui era originario, perché lontano da Agrigento, dove era vissuto per tutta la vita; infine, quello di Siculiana, dove era sepolto il nonno Cocò Agnello: «Se non ti mariti, qui verrai» mi diceva ogni volta mio padre: era il suo incoraggiamento al nubilato, certo com'era che l'appartenenza alla famiglia era più forte dell'amore e del matrimonio. Da lì ci si spostava nell'ossario, dove il passato della famiglia era cadenzato per loculi: notavo una macabra abbondanza di bambine morte in fasce.

Le visite al cimitero erano occasioni di incontro con parenti lontani, momenti di intimità e di narrazioni, di scrupolose verifiche della catena di parentele. E di risate. A volte ci riunivamo tutti per una mangiata al ristorante; le chiacchiere continuavano davanti ai colori e ai profumi del cibo, come in una sorta di chiamata alla fisicità, alla bellezza, alla vita.

Non sapevo che quella del cibo e della morte fosse anche una tradizione islamica: anni dopo, quando vivevo nello Zambia, al cimitero del Cairo scoprii che anziché cappelle ci sono le "case dei morti" con cucine dove si preparano pietanze e si mangia a maggior gloria dei defunti che occupano i loculi.

A dodici anni raggiunsi l'età "da funerale". Vestitino grigio, scarpette nere, andavo a casa dei parenti moribondi, poi alle esequie, e infine aiutavo a ricevere e smistare le visite di lutto.

Ero molto curiosa, stavo con le orecchie tese: imparavo tutto, dai pettegolezzi alle storie antiche. E quel "tutto" mi incuriosiva enormemente, anche i particolari dall'apparenza macabra – «Vero è che a un certo punto tirò un calcio?», «Quanto soffrì?» –, ma soprattutto mi divenne chiaro che la disgrazia altrui porta con sé un fascino denso, appiccicoso e disturbante: sentivo nella tonalità pietosa delle voci dei famigliari intenzioni e investigazioni non trasparenti.

Si cominciava da un universale «Come faranno a vivere senza la buonanima?» per arrivare a ben più circostanziate curiosità: «E l'eredità? A cu lassa?» o a salaci allusioni che avevano a che fare con la vita sessuale del trapassato: «E l'amante dove si è nascosta?», «E il figlio illegittimo?», «La vedova ne era al corrente?».

In quel piccolo teatro del lutto che talora si fa commedia o spirale di voci – come quelle che ricostruiscono la controversa figura di Mennù nel mio primo romanzo – e in quella giostra di caratteri viene la tentazione di leggere un'inclinazione antropologica.

La morte dev'essere "parlata". Va *detta*, perché dicendola prenda posto fra di noi, perché spinga l'assente dentro una presenza, che può farsi fantasma ma può anche assumere la concretezza di una figura pronta ad animarsi.

E questa "concretezza" mi rimanda, non so come, ai pupi di Mimmo Cuticchio.

58

Il teatro della morte

Ho imparato molto sulla morte davanti all'Opera dei pupi di Mimmo Cuticchio.

La *Storia dei Paladini di Francia*, scritta e pubblicata a metà dell'Ottocento da Giusto Lo Dico, un maestro elementare, è divenuta ben presto – e resta tuttora – la "Bibbia" dei pupari; era il libro (la chiamavano anche soltanto così: "il libro") che sistematizzava e metteva nero su bianco quello che fino ad allora era stato affidato esclusivamente alla tradizione orale dei cantastorie (più propriamente " ", artisti a volte addirittura analfabeti che, senza alcun ausilio scenico, sapevano raccontare le loro storie affascinando le piazze di paesi e città).

Nelle tremila pagine della *Storia* sono narrate le complicate e tortuose vicende che costituiscono il copione della più nota, amata e caratteristica rappresentazione dell'Opera dei pupi siciliani: quella, per intenderci, che mette in scena le avventure dei paladini di Francia, passate dalle prime narrazioni popolari alla meravigliosa epopea di Ariosto. Il pupo siciliano si identifica con il paladino.

Fino agli anni Trenta-Quaranta del secolo scorso i pupari rappresentavano la storia dei pupi, sera dopo sera, nell'arco di un intero anno e il pubblico (costituito per lo più dagli strati più poveri della popolazione) la seguiva con straordinaria, passionale partecipazione.

Si muore molto nell'Opera dei pupi. Muoiono i cavalieri, ma muoiono anche le dame. E ogni morte non smette di strappare un moto di dolorosa sorpresa, una reazione di reale, profonda partecipazione degli spettatori. Il pupo leva la spada, la spada cade sul duellante, il duellante cade sul palco, i fili che lo reggono tremano di immobilità e poi magari un braccio si alza, comincia l'agonia, arrivano le ultime parole. Quando il morto è un valoroso cavaliere o un innocente, l'agonia si prolunga: nel buio della loro balaustra i pupari lavorano di fino, strappando i piccoli gesti che precedono la morte, e la commozione si diffonde, il clangore di elmi e corazze tace.

Non sono che imitazioni di figure umane, finzioni che le magiche disarticolazioni strappano alla rigidità, ma quella loro vita, tutta sospesa ai fili metallici, si spegne davvero.

Nell'Opera dei pupi, Doralice – che secondo Ariosto si concede al feroce Mandricardo che l'ha salvata dalla morte – si fa uccidere per salvare la sua purezza. E lo fa con una sapiente strategia drammatica: dopo che Mandricardo, per averla, fa strage dei suoi difensori, Doralice finge di rispondere al suo corteggiamento, conversa con lui e gli confida di saper preparare un unguento che rende invulnerabili; Mandricardo, innamorato pazzo e concupiscente, le chiede di prepararlo.

Doralice raccoglie allora delle erbe, prepara l'unguento e, pronunciando parole arcane, se lo spalma sul collo: quindi, con profonda tranquillità, invita Mandricardo a provarne il potere magico: "Colpiscimi sul collo e io non morirò!".

Mandricardo alza la scimitarra, la cala su Doralice e le mozza la testa.

Bisogna immaginarselo, il pubblico, in quei frangenti. E se l'unguento funzionasse per davvero? E se invece non funziona? E quando la testa si stacca dal corpo? Come cade la testa da un corpo?

Gli sguardi si fanno più intensi. Tutti in verità sanno che Doralice sta per darsi la morte per mano del suo rapitore. Tutti lo sanno, ma il respiro si gela comunque in gola. La scimitarra scende sul collo della marionetta, e per quanto sia una marionetta molti occhi si chiudono: non vogliono vedere, e non volendo vedere, vogliono ancora più forte lo spettacolo della morte.

La stessa cosa accade quando Fiordiligi porta con sé a Girgenti il cadavere dello sposo Brandimarte per seppellirlo: al momento di lasciare l'amato al freddo della terra, si abbatte sulla salma e muore di crepacuore.

Altro momento capitale.

Altra contemplazione di figure che mimano la morte e mimandola la evocano, più forte magari di quella vissuta nell'ordinaria amministrazione dell'esistenza. La marionetta Fiordiligi diventa corpo, e lo diventa tanto più forte quando si strappa al mondo per dolore.

E il pubblico aspetta, il pubblico vuole la stupefazione del morire.

Dal cielo della leggenda la pietà invade i piccoli teatri dei pupi, ma insieme alla pietà si desta quel particolare voyeurismo che è il voyeurismo del dolore.

E che dire di Bradamante? Famosissima guerriera figlia di Aimone, è innamorata di Ruggiero, valoroso guerriero pagano che il mago Atlante, suo tutore, cerca di proteggere dall'amore, perché su di lui pesa la profezia che a sette anni dalla sua conversione al cristianesimo morirà. Quando, dopo intricatissime peripezie, i due si sposano, un maganzese uccide Ruggiero (la conversione c'era stata e i sette anni erano già passati). Bradamante ripara a Costantinopoli e là muore di parto.

Quanto destino!

Leggo queste vicende, le vedo rappresentate e, non meno di una marionetta, sento dei fili che mi muovono dentro quelle storie, e non c'è nulla che suoni inverosimile, e non c'è morte che, per quanto improvvisa, non suoni, quando arriva, familiare.

Mi sono abituata alla morte. E tutti noi sappiamo che siamo sempre pronti a esorcizzarla contemplandola, evocandola, chiamandola.

Il melodramma non fa altro. Io amo molto l'opera. La ascolto volentieri mentre stiro, mentre cucino, mentre scrivo, mentre gioco con i miei nipoti. Le stanze di casa mia sono molto spesso colme di quella musica. Che è una musica speciale. Brucia attenzione e ci prepara a svolte drammatiche che hanno la credula determinazione della scimitarra di Mandricardo.

Nell'apertura del quarto atto di *Don Carlos* di Verdi, quel violoncello che annuncia senza scampo un dolore, anzi l'ostinazione del dolore e del rammarico, è indimenticabile.

"Ella giammai m'amò" canta il re Filippo quando supera la barriera del violoncello, e sprofonda in un delirio di autocommiserazione che, se non è un lutto, suona luttuoso. Il confronto con il Grande Inquisitore colma il rammarico di oscura violenza e apre la strada alla morte.

A volte è come se li vedessi, quei personaggi che amo, uno dietro l'altro, e uno dietro l'altro vanno verso la morte. Avanzano a coppie: Andrea Chénier e Maddalena, ansiosi di ascendere assieme al patibolo, Norma e Pollione, nuovamente congiunti dalle fiamme, Aida e Radames, già chiusi nel sepolcro e senza scampo sacrificati al loro amore, Manrico e Leonora agonizzanti insieme, Edgardo e Lucia divisi dalla follia e uniti dal pugnale, Desdemona e Otello, docile vittima e assassino pentito.

E quando non sono rapiti da uno stesso palpito di morte, quei personaggi sono, dentro la loro solitudine, portatori di una febbre che li offre al destino: rivedo Carmen che accoglie la lama di Don José come una liberazione; compare Turiddu che, abbracciata la madre, va al suo incontro fatale con il rivale; Mimì che spira, insieme alla sua giovinezza, in una fredda soffitta di Parigi; Manon che, consumata dalla troppa vita, si spegne, in Louisiana, fra le braccia del fedele Des Grieux; e infine Tosca, la grande Tosca, ingenua amministratrice di morte per il suo sadico persecutore Scarpia, pronta a rispondere con un salto da Castel Sant'Angelo alla fucilazione – che non era una finta, che non era una finta – di Cavaradossi.

Potrei continuare la sfilza dei miei eroi del melodramma, ma guardateli questi nostri fratelli e queste nostre sorelle mortali! Continuano a morire, e ogni volta ci stupiscono. Più della tragedia classica, il melodramma ha creato una sorta di confortante familiarità con la morte. È lì, a due passi da noi, e quando è chiaro che si manifesterà, noi non facciamo che attendere che il destino si compia. Violetta è malata. Violetta è anche una prostituta d'alto bordo. Non ha mai saputo cosa fosse l'amore. Ora lo sa, ma è tardi. C'è un salto sociale troppo grande da compiere per arrivare alla sponda da cui tanto tempo prima si è allontanata. E allora la malattia è lì, che l'aiuta, che la corteggia, più dell'amore, e se la porta via. E non è un caso che Piave le metta in bocca quell'ultimo sogno diventato lucido delirio: "Ritorno a vivere".

Certo. Violetta ritorna a vivere dentro la sua morte mentre il sipario si chiude e il suo giovane amante l'abbraccia straziato. Quanta musica accompagna tutto questo cedere al nulla. Che musica meravigliosa! Ed è una musica che fa piangere, non certo perché viene a mancare la vita fisica, ma perché una volta di più un grande artista ci racconta la storia di una separazione, di un'impossibilità, di un'ingiustizia.

E allora rieccomi qui.

Non ho paura della morte. Come Violetta, come Aida e Radames, come Andrea Chénier e Maddalena temo l'ingiustizia.

E mi ferisce, l'ingiustizia. E ho meno difese contro l'ingiustizia che contro l'idea di morte. Si può morire felici di abbandonare la nostra avventura mondana, ma non bisogna morire per ingiustizia e nell'ingiustizia.

E quando scopriamo di essere disposti a batterci, sappiamo di farlo perché continuiamo a fare esperienza dell'ingiustizia.

Quando crediamo di avere paura di morire, dobbiamo domandarci se è proprio così vero. A difenderci da quella paura e dal dolore abbiamo inventato il teatro della morte, che accompagna l'ordinaria pazienza del vivere; abbiamo inventato il teatro della morte che torna nell'Opera dei pupi e nella grande tradizione del melodramma. Tutto quell'accadere sulla scena ci mette in confidenza con il dolore, e ci incoraggia alla stupefazione solo perché siamo preparati a stupirci.

"Io più non chiedo. Io son felice. Contenta il rogo io ascenderò." Così dice Norma, ed è pronta a salire sul rogo insieme al suo amante e padre dei suoi figli.

Sembra un gioco. Ma lei è contenta davvero. E non è

per i versi di Felice Romani che siamo pronti a crederle, è per la musica che ci ha portato fin lì.

La musica è uno dei più solidi bastioni della nostra civiltà. Ed è una compagna che non tradisce mai.

Nonna Maria amava la musica. E amava anche la vita – talvolta amara – che aveva avuto in sorte.

È come se, spesso, mi capitasse di ascoltare tutte e due, all'unisono: la musica e l'amore per la vita. E in quell'ascolto mi capitasse di dimenticarmi di me stessa, senza sentire i fili che mi tengono in piedi, come un pupo, ed essere, come quelle meravigliose creature, più vera della verità.

Mia madre mi diceva che le ultime parole di sua madre furono: «Quant'è dolce morire!».

Dalla metà di gennaio, per una caduta in casa, ho perduto conoscenza e sono stata ricoverata in ospedale per diverse settimane; poi sono stata trasferita in una casa di cura, poi in un'altra e adesso, quasi otto mesi dopo, sono a casa mia, ahimè con un'infermiera filippina, una giovane molto bella, specializzata nell'accudire gli anziani, che parla assai e fa del suo meglio per farmi ridere come faceva con i suoi precedenti clienti, probabilmente dementi. Ma io demente non lo sono – ancora.

La filippina e io siamo totalmente diverse, e non abbiamo un passato comune. Le piace mangiare il cibo del suo paese: l'ho assaggiato una volta sola, non mi piace. Così ognuna cucina per sé. Lei mangia nella sua camera e io nella mia.

Siamo due estranee.

Gli sforzi di Giorgio e Nicola nel cercare di alleviare la mia situazione sono stati enormi, e visibili sui loro volti stanchi e ansiosi. Hanno fatto davvero di tutto. Ne sono fiera, ma mi strugge la consapevolezza di aver pesato tanto su di loro. Soprattutto su Nicola, data la malattia di Giorgio.

Non avrei mai pensato di dover dipendere dai miei figli. Mi sembra contro natura. Dovrei essere io, da madre e da nonna, a rendere più semplice la loro vita.

Ho ripensato al trapasso, dolcissimo, di nonna Maria. E la morte l'ha sentita e, da quanto mi diceva mia madre, l'ha accolta mentre dormiva serenamente.

«Era la migliore morte che mia madre potesse avere» diceva spesso mamma.

Io non ero d'accordo: «Non è possibile che nonna pensasse che fosse dolce morire, quando aveva dei figli e dei nipotini che amava e da cui era amata!».

Mi sbagliavo.

Adesso penso anch'io che morire possa essere dolce.

La decadenza del mio corpo non porta grandi dolori fisici ma crea sconforto, e mi pongo tante domande.

"Fino a quando rimarrò così?"

"Vorrei trasferirmi in un appartamento accessibile anche per la sedia a rotelle di George... O sarebbe preferibile una casa di cura?"

E ancora: "Non sarebbe meglio una gran festa con tutti gli amici e poi andare via da sola dove ci siano degli esperti che mi aiutino a morire?".

All'improvviso mi è tornato un ricordo. Il primo marzo 2001, mentre mi trovavo in ospedale dopo un intervento chirurgico, ho visto in tv Nigella Lawson, una bellissima giornalista e conduttrice televisiva ebrea, figlia di un ministro laburista. Nigella aveva organizzato una festa per il suo compagno, John Diamond, giornalista anche lui, malato di cancro: la sua festa di addio alla vita.

Seguivo la trasmissione ipnotizzata, il vassoio col pranzo dimenticato sul tavolino.

John e Nigella ballavano, lui teneva in mano un calice di vino, e io ero tutta occhi e cuore davanti all'addio tra quei due giovani così brillanti e innamorati.

Poi, silenzio.

Gli altri ballerini adesso sono muti, immobili.

John e Nigella si baciano, poi lui la lascia e si dirige verso una porta in fondo, la apre e la richiude dietro di sé.

Una delle scene più commoventi della mia vita.

Vorrei anch'io organizzare un addio così, pubblico (magari senza televisione)? Non preferirei invece un addio domestico, in casa con i figli e qualche parente stretto? Mi chiedo anche cosa ne penserebbero i miei amici più intimi.

Riflettendoci, visto che almeno per il momento non ho alcun cancro, potrei vivere ancora a lungo e con una certa indipendenza: il nocciolo della questione è proprio questo.

Chiaramente la mia memoria non è, e non potrà ritornare a essere, quella di prima; ma adesso ne sono consapevole e cerco di organizzarmi di conseguenza.

C'è stata una caduta, che ha apparentemente separato la mente dal corpo. Per rinsaldarli ho dovuto attendere. Mesi. Ora mente e corpo sono di nuovo "amici".

L'altra domanda che mi pongo è:

"Dove vivrò/morirò? In Inghilterra o in Sicilia?"

Su questo non ho ancora una risposta.

Ma verrà.

Indice

9 1 La prima volta
15 2 La palese ingiustizia
17 3 Essere vittima di un'ingiustizia
19 4 Che cos'è il senso di giustizia
22 5 La giustizia e i movimenti di liberazione
25 6 Esiste una guerra giusta?
32 7 Ancora su guerra, giustizia e credo religioso
38 8 La giustizia dei movimenti pacifisti
41 9 La giustizia e la battaglia delle donne contro la supremazia maschile
45 10 La posizione della donna nel Ventesimo secolo secondo il codice ante e post guerra. Giustizia maschilista
47 11 La giustizia in tribunale
50 12 Che cos'è una giuria
51 13 Il giudice
53 14 La giustizia degli appellativi
54 15 La giustizia con figli e nipoti
55 16 L'ingiustizia sociale: l'Ottocento inglese
60 17 Le public school
64 18 Lo schiavo per i Greci e i Romani
66 19 La schiavitù contemporanea
68 20 Il senso di giustizia di fronte alla condizione dei migranti

71 21 L'Africa e il colonialismo
73 22 Come si può mettere in pratica quotidianamente il senso di giustizia?
77 23 La giusta scrittura
81 24 Camilleri e il senso della giustizia
86 25 Children's Law
88 26 Una giustizia con la scimitarra
95 27 Essere una straniera
99 28 Nata con la giustizia in testa
101 29 Credo nel diritto
103 30 I minori e la giustizia. Il castigo. La pena
105 31 Non siamo perfetti
107 32 Il razzismo, il classismo
109 33 La povertà e la ricchezza
111 34 Sir Richard Branson
113 35 La rettitudine
115 36 Fuorilegge
119 37 L'obbedienza
121 38 Il diritto, ancora
122 39 Che cos'è la giurisprudenza
123 40 Guerre e religione
124 41 Il diritto di morire
126 42 Si può morire di propria volontà senza ammazzarsi
127 43 L'eredità
129 44 Sentirsi vittima di un'ingiustizia
130 45 Evitare l'ingiustizia
132 46 Quattro polpette
134 47 L'avvocato e la giustizia
135 48 Greta, un'icona della giustizia
137 49 Il riscaldamento globale è un'ingiustizia
138 50 Il rispetto per i morti
141 51 La barbara Medea
144 52 Nelson Mandela
146 53 Il privilegio di chi viene da fuori
148 54 L'Africa muore

151 55 Dio e la giustizia
153 56 Gay, lesbiche e transessuali
155 57 La memoria della morte
161 58 Il teatro della morte

Certificato PEFC
Questo prodotto è realizzato con materia prima da foreste gestite in maniera sostenibile e da fonti controllate
PEFC/18-32-03
www.pefc.it

Mondadori Libri S.p.A.

Questo volume è stato stampato
su carta HOLMEN
con fibra vergine proveniente da foreste sostenibili holmen.com/paper
presso ELCOGRAF S.p.A.
Stabilimento - Cles (TN)

Stampato in Italia - Printed in Italy